Kohlhammer

Lange Leben leben | Altern gestalten

Wissen – Positionen – Impulse

Hrsg. von Hans-Werner Wahl, Hans Förstl, Ines Himmelsbach und Elisabeth Wacker

Eine Übersicht aller lieferbaren und im Buchhandel angekündigten Bände der Reihe finden Sie unter:

 https://shop.kohlhammer.de/lange-leben-leben

Die Autorin

Prof. Dr. phil. Susanne Wurm ist Psychologin und Alternsforscherin. Sie leitet am Institut für Community Medicine der Universitätsmedizin Greifswald die Abteilung für Präventionsforschung und Sozialmedizin.

Susanne Wurm

Gesund Älterwerden

Wünsche, Fakten, Möglichkeiten

Verlag W. Kohlhammer

Dieses Werk einschließlich aller seiner Teile ist urheberrechtlich geschützt. Jede Verwendung außerhalb der engen Grenzen des Urheberrechts ist ohne Zustimmung des Verlags unzulässig und strafbar. Das gilt insbesondere für Vervielfältigungen, Übersetzungen und für die Einspeicherung und Verarbeitung in elektronischen Systemen.

Pharmakologische Daten verändern sich ständig. Verlag und Autoren tragen dafür Sorge, dass alle gemachten Angaben dem derzeitigen Wissensstand entsprechen. Eine Haftung hierfür kann jedoch nicht übernommen werden. Es empfiehlt sich, die Angaben anhand des Beipackzettels und der entsprechenden Fachinformationen zu überprüfen. Aufgrund der Auswahl häufig angewendeter Arzneimittel besteht kein Anspruch auf Vollständigkeit.

Die Wiedergabe von Warenbezeichnungen, Handelsnamen und sonstigen Kennzeichen berechtigt nicht zu der Annahme, dass diese frei benutzt werden dürfen. Vielmehr kann es sich auch dann um eingetragene Warenzeichen oder sonstige geschützte Kennzeichen handeln, wenn sie nicht eigens als solche gekennzeichnet sind.

Es konnten nicht alle Rechtsinhaber von Abbildungen ermittelt werden. Sollte dem Verlag gegenüber der Nachweis der Rechtsinhaberschaft geführt werden, wird das branchenübliche Honorar nachträglich gezahlt.

Dieses Werk enthält Hinweise/Links zu externen Websites Dritter, auf deren Inhalt der Verlag keinen Einfluss hat und die der Haftung der jeweiligen Seitenanbieter oder -betreiber unterliegen. Zum Zeitpunkt der Verlinkung wurden die externen Websites auf mögliche Rechtsverstöße überprüft und dabei keine Rechtsverletzung festgestellt. Ohne konkrete Hinweise auf eine solche Rechtsverletzung ist eine permanente inhaltliche Kontrolle der verlinkten Seiten nicht zumutbar. Sollten jedoch Rechtsverletzungen bekannt werden, werden die betroffenen externen Links soweit möglich unverzüglich entfernt.

1. Auflage 2023

Alle Rechte vorbehalten
© W. Kohlhammer GmbH, Stuttgart
Gesamtherstellung: W. Kohlhammer GmbH, Stuttgart

Print:
ISBN 978-3-17-038761-4

E-Book-Formate:
pdf: ISBN 978-3-17-038762-1
epub: ISBN 978-3-17-038763-8

Inhalt

Danksagung   7

Einleitung: Gesund Älterwerden – ein Leben lang   8

1   Was passiert, wenn wir älter werden: Prozesse und gesundheitliche Folgen   15

1.1   Mythen und Fakten zu Gesundheit und Krankheit im Alter   16
1.2   Gesund sein – gesund fühlen: die 30-Prozent-Regel   29
1.3   Sind ältere Menschen heutzutage gesünder als früher?   39

2   Über die Vielfalt des Alterns   46

2.1   Gesundheitliche Unterschiede – und Ungleichheiten   47
2.2   Gesund Älterwerden: eine Frage der inneren Einstellung?   62
2.3   Zwischen Anpassung, Bewältigung und persönlichem Wachstum   74

3   Möglichkeiten der Vorsorge für das Alter   82

3.1   Warum es für Prävention nie zu spät ist   84
3.2   Aktivität bewegt viel   91
3.3   Gesund Altern heißt auch, Altersdiskriminierung zu bekämpfen   98

Literatur   109

Danksagung

Für die wertvolle Unterstützung beim Lektorat des Manuskriptes möchte ich mich bei meiner Familie herzlich bedanken. Mein besonderer Dank gilt außerdem meinen Kolleginnen Monika Hanke und Frauke Meyer-Wyk für ihre sorgfältigen Recherchen und redaktionellen Tätigkeiten. Schließlich gilt mein Dank Hans-Werner Wahl, Herausgeber der Buchreihe, für seine fachlichen Rückmeldungen zum Manuskript. Dieses Buch ist meinem Vater gewidmet, einem zentralen Ideengeber für dieses Buch und meinem lebenslangen Mentor, in großer Dankbarkeit.

Greifswald, im Mai 2023
Susanne Wurm

Einleitung: Gesund Älterwerden – ein Leben lang

»Jugend ist eine neue Form des Rassismus, eine Obsession. Es ist die einzige soziale Ungerechtigkeit, die es wirklich gibt.« Karl Lagerfeld (1933-2019)[1]

Damit fängt es an: Kaum, dass wir geboren sind, werden wir auch schon älter. Das geht so weiter, das ganze Leben lang bis zu seinem Ende. Biologisch ist das zwar so vorprogrammiert, doch das Älterwerden lässt sich nicht allein an biologischen Veränderungen beschreiben. Wir altern weit vielschichtiger und verkennen den Faktor Zeit, der unseren Alterungsprozess maßgeblich mitbestimmt. Das Buch erklärt, warum die eigenen Einstellungen essenziell dafür sind, wie gesund und wie lange Menschen leben und warum auch 80-jährige Menschen im Durchschnitt weitere acht bis zehn weitere Lebensjahre vor sich haben. Es erläutert zudem, warum es oftmals bedeutsamer ist, wann eine Person geboren wurde und in welcher Zeit sie aufwuchs als danach zu schauen, wie alt eine Person ist. Und es gibt ermutigende Beispiele dafür, dass chronische Krankheiten rückgängig gemacht werden können und Prävention gerade auch dann Früchte trägt, wenn Krankheiten bestehen. Das Buch[2] rüttelt damit an althergebrachten Vorstellungen von Krankheiten sowie vom Älterwerden und Altsein und veranschaulicht, warum es sich lohnt, diese kritisch zu hinterfragen. Es regt dazu an, verbreitete Mechanismen der Alters(selbst)diskriminierung aufzubrechen und

---

1 Quelle: www.rnd.de/panorama/karl-lagerfeld-diese-spruche-sind-kult-EKNP2LNX65Y4W22PVIC4YK2AX4.html (Januar 2023)
2 Zugunsten einer lesefreundlichen Darstellung wird in der Regel die neutrale bzw. männliche Form verwendet. Diese gilt für alle Geschlechtsformen (weiblich, männlich, divers).

sich gemeinsam auf den Weg zu einer neuen Kultur des Alterns aufzumachen. Es ist an der Zeit.

Der Gewinn an Lebensjahren

Gegen Ende des 19. Jahrhunderts lag die durchschnittliche Lebenserwartung noch bei weniger als 40 Jahren. Zwar gab es auch damals Menschen, die 70 oder 80 Jahre alt wurden, doch der Großteil starb deutlich früher. Viele Kinder und Jugendliche überlebten beispielsweise die damals vorherrschenden Infektionskrankheiten wie Typhus und Cholera nicht.

Die gute Nachricht über das Älterwerden heute: Ein langes Leben ist für die meisten von uns planbar geworden, denn wir haben dafür eine ganze Menge Zeit. Zeit, um Dinge zu lernen, Ausbildung und Beruf zu verfolgen, mit der Familie und in weiteren sozialen Zusammenhängen zu leben, eigenen Interessen nachzugehen oder auch bisherige Lebensmodelle umzukrempeln, um ganz Neues auszuprobieren – ein Leben in der Großstadt nach Jahrzehnten auf dem Land; ein Leben in einer neuen Partnerschaft, vielleicht mit neuen Kindern oder Enkelkindern; die lang ersehnte Weltreise, das Erlernen einer neuen Sprache oder der Umzug vom großen Familienheim in ein Tiny House. Für all diese und weitere Dinge Lebenszeit zu haben, ist ein großer Gewinn.

Dieser Gewinn an Lebenszeit ist nicht nur im Vergleich zu früheren Jahrhunderten spürbar. Deutlich wird dies beispielsweise an einer Person, die 1960 geboren wurde, heute Anfang 60 ist und voraussichtlich mit 66 Jahren in Ruhestand gehen wird: In ihrem Geburtsjahr lag die Lebenserwartung bei 67 Jahren für Männer und 72 Jahren für Frauen. Würde man danach gehen, hätte die Person, je nachdem, ob Mann oder Frau, nur noch 1 bis 5 Jahre im Ruhestand zu leben! Leicht wird übersehen, dass es sich bei der Lebenserwartung bei Geburt um einen Durchschnittswert handelt. Manche Menschen versterben tatsächlich deutlich früher als es die durchschnittliche Lebenserwartung nahelegt, aber andere eben auch sehr viel später.

Verbesserungen in der medizinischen Versorgung tragen zusätzlich dazu bei, dass heutige 60-Jährige erwarten können, noch über 20 weitere Lebensjahre zu leben und damit über 80, vielleicht auch mehr als 90 Jahre alt zu werden. Natürlich gibt es keine Garantie für ein langes Leben. Dennoch können, anders als in früheren Jahrhunderten, die meisten mit einem langen Leben rechnen.

Weltweit altert die Bevölkerung

Auch die Gesellschaften, in denen wir leben, altern. Jede Sekunde feiern zwei Menschen irgendwo auf der Welt ihren 60. Geburtstag. Nie zuvor in der Geschichte der Menschheit erreichten so viele Menschen dieses Alter und nie zuvor wurden so viele Menschen gleichzeitig alt. Bereits jetzt sind weltweit über eine Milliarde Menschen 60 Jahre oder älter – bis zum Jahr 2050 werden es wahrscheinlich doppelt so viele sein.

Nicht zufällig eröffneten die Vereinten Nationen im Jahr 2021 die Dekade des gesunden Älterwerdens.[3] Ziel der kommenden Jahre ist es, dass verschiedene Akteure gemeinsam handeln – unter anderem Regierungen, Zivilgesellschaften, internationale Organisationen, Expertinnen und Experten, Medien – um das Leben älterer Menschen, ihrer Familien und der Gemeinden, in denen sie leben, zu verbessern.

Die Covid-19-Pandemie hat besonders deutlich gezeigt, dass wissenschaftliche Erkenntnisse eine wesentliche Grundlage für die Politik bilden. Schon heute verfügt die Altersforschung über ein umfangreiches Wissen darüber, wie wir möglichst gesund älter werden können. Ähnlich wie beim Älterwerden, das nicht auf das biologische Altern reduziert werden sollte, geht es auch beim Begriff der Gesundheit darum, genauer zu beleuchten, was darunter verstanden wird.

---

3 siehe www.who.int/initiatives/decade-of-healthy-ageing

Wir können aktiv werden, jederzeit

Die erste Grundthese dieses Buches lautet, dass Gesundheit weit mehr als die Abwesenheit von Krankheit ist. Ausgehend von Definitionen der Weltgesundheitsorganisation und aufbauend auf wissenschaftlichen Erkenntnissen soll hier ein differenzierter Einblick in die gesundheitsbezogene Alternsforschung vermittelt werden. Dabei werden verschiedene Perspektiven auf Gesundheit dargestellt. Es wird dadurch besser verständlich, warum das Alter nicht einfach mit Krankheit gleichzusetzen ist. Das Altern setzt vielmehr erstaunliche Ressourcen frei und unser subjektives Erleben spielt eine zentrale Rolle dafür, wie gut und lange wir leben.

Die zweite Grundthese schließt daran an und greift eine der vier Handlungsfelder der Dekade des gesunden Älterwerdens auf. Wir sollten Altersbilder kritisch reflektieren. Dazu zählt, wie wir über ältere Menschen denken, welche Gefühle wir ihnen gegenüber haben und wie wir uns ihnen gegenüber verhalten. Altersbilder beziehen sich zugleich auf unser eigenes Älterwerden und Altsein, welche Gedanken und Gefühle wir diesbezüglich haben, die zu einer Altersselbstdiskriminierung führen können. Altersbilder zu hinterfragen ist eine entscheidende Grundlage dafür, Altersdiskriminierung zu bekämpfen. Auf diesem Weg lassen sich gesundes Älterwerden und eine gute Gesellschaft für alle Altersgruppen fördern. In großangelegten Studien wurde gezeigt, dass Menschen, die eine positive Sicht auf das eigene Älterwerden haben, länger leben können als jene, die weniger positiv darauf blicken: Eine positive Sicht kann mit dazu beitragen, dass bis zu 13 Jahre mehr Lebenszeit gewonnen werden (Wurm & Schäfer, 2022). Neben einem gesunden Lebensstil und genetischen Faktoren spielt also auch eine Rolle, was wir über das Älterwerden denken.

Die dritte Grundthese lautet kurz und knapp: Für Prävention ist es nie zu spät. Manch einer kennt Sätze wie »Bei Ihnen ist es zu spät, um mit dem Rauchen aufzuhören« oder »Schonen Sie sich mal in Ihrem Alter«. Andere mögen sich vielleicht schon einmal gedacht haben: »Ich bin zu alt, um jetzt noch mit einem neuen Hobby anzufangen.« Es mag viele Gründe (und Ausreden) geben, Dinge nicht zu tun. Doch es gibt bessere und zudem wissenschaftlich fundierte Gründe, lebenslang zu lernen, auch spät im Alter noch mit dem Rauchen aufzuhören und körperlich aktiv zu werden. Es ist beispielsweise beeindruckend, dass sich Lungenzellen auch nach 30 oder sogar 40 Jahren Rauchen wieder erholen und dadurch das Risiko für Lungenkrebs sinkt (Yoshida et al., 2020). Dieses Buch liefert zu etlichen aktuellen wissenschaftlichen Erkenntnissen die näheren Hintergründe. Dabei gilt es, eine möglichst ausgewogene Balance zu finden zwischen Verständlichkeit, die immer auch eine gewisse Vereinfachung bedeutet, und wissenschaftlicher Fundiertheit.

Das Zitat des verstorbenen Modedesigners Karl Lagerfeld zur Jugend als neuer Form des Rassismus mag provokant und überspitzt sein. Doch das Zitat hat einen wahren Kern, so unwissenschaftlich er ausgedrückt sein mag: Galten in der Agrargesellschaft alte Bauern und Handwerker noch als »Wissensspeicher«, richtete sich ab Mitte des 19. Jahrhunderts zunehmend der Fokus auf die Jugend. Ende des 19. Jahrhunderts entstand die Zeitschrift »Jugend« und die ersten Olympischen Spiele wurden abgehalten. Diese Entwicklungen ebenso wie die Industrialisierung haben die alten »Wissensspeicher« entwertet und zur bis heute andauernden Jugendfixierung beigetragen. Unter diesem »Jugendlichkeitswahn« haben bereits Generationen gelitten. Ihn bezeichnet Karl Lagerfeld als Rassismus und meint damit das, was im internationalen Kontext als Ageism bezeichnet wird: negative Gedanken, Gefühle und Verhaltensweisen gegenüber Menschen aufgrund ihres Alters. Zwar können auch junge Menschen davon betroffen sein, beispielsweise wenn ihre fachlichen Kompetenzen aufgrund ihres jungen Alters nicht anerkannt werden. Doch weit häufiger besteht Ageism gegenüber älteren Menschen, die dem hohen gesellschaftlichen Wert von Jugendlichkeit und Fitness nicht entsprechen. Kein Wunder, dass die Schönheitsindustrie floriert und »Botox to go« eine moderne Form der Mittagspause geworden ist. Betrachtet man die zahlenmäßige Verteilung von jüngeren und älteren Menschen in der Gesellschaft, stehen in Deutschland 8,4 Millionen junge Erwachsene zwischen 15 und 24 Jahre (10,1 % der Bevölkerung) etwa doppelt so vielen älteren Menschen ab 67 Jahren gegenüber.

Jeder möchte lange leben, aber keiner will alt werden – dieser geläufige Spruch des irischen Satirikers Jonathan Swift (1667–1745)[4] illustriert unseren Wunsch nach langem Leben bei gleichzeitig ewig währender Jugend. Diese Ambivalenz des Alterns beleuchtet das Buch, in dem es den Blick weitet auf ein Sowohl-als-auch: Was sind die gesundheitlichen Herausforderungen und Schwierigkeiten? Und wo liegen die Potentiale des Älterwerdens? Wie hilft Prävention, wo jedoch liegen die Grenzen der Machbarkeit? Was gewinnen wir und was geht verloren mit dem Alter? Klar gesagt werden soll an dieser Stelle: Das vorliegende Buch vertritt nicht die Position, dass das Altern bei der richtigen Einstellung ein federleichter Tanz werden wird. Doch es wendet sich gegen immer noch verbreitete einseitige Vorstellungen, die Altern allein mit Abbau und Verlust gleichsetzen. Gegen diese Position sprechen viele wissenschaftliche Erkenntnisse.

---

4 Original: »Every man desires to live long; but no man would be old.« Quelle: Swift, J. (1747). Thoughts on Various Subjects. In Pope, A., Swift, J., Gay, J., Arbuthnot, J. Miscellanies. The Fifth Ed., Corrected with Several Additional Pieces in Verse and Prose. Vereinigtes Königreich: Bathurst, S. 267.

1 Was passiert, wenn wir älter werden: Prozesse und gesundheitliche Folgen

Bis heute ist es eine verbreitete Vorstellung, Entwicklung vollziehe sich während Kindheit, Jugend und bis ins junge Erwachsenenalter hinein als kontinuierliches Wachstum, bis schließlich die Mitte des Lebens einen Wendepunkt darstelle. Ab diesem, so die übliche Vorstellung, begänne das Altern und damit ein fortschreitender Abbau bis zum Lebensende. Seit Jahrhunderten hält sich dieses zweigeteilte Bild von Wachstum und Entwicklung auf der einen Seite, in Illustrationen oftmals als aufsteigende Treppe dargestellt, und Abbau und Altern auf der anderen Seite, illustriert als Abwärtstreppe des Lebens (vgl. Wahl et al., 2021).

In der heutigen Forschung gilt diese Zweiteilung von Entwicklung und Altern als überholt. Denn die gesamte Lebensspanne ist gleichzeitig ein Entwicklungs- wie auch ein Alternsprozess, das heißt beständige Veränderung, von der Geburt bis zum Lebensende. Auch im Alter erleben Menschen Gewinne (z. B. durch mehr Zeit für persönliche Interessen) und auch Kinder erleben Verluste (z. B. durch eine schwerere Krankheit oder den Verlust einer nahestehenden Person). Nicht selten verschiebt sich zwar der Anteil erlebter Gewinne und Verluste über die Lebensspanne in Richtung eines Mehr an Verlusten, doch ist dies nicht zwangsläufig und immer der Fall. Es gibt Menschen, die sich erst im Erwachsenenalter von einer schwierigen Kindheit und Jugend erholen und Entwicklungen nachholen, die ihnen in früheren Lebensphasen nicht möglich waren. Und es gibt Menschen, die im Alter Freiheiten erleben, die ihnen zuvor nicht gegeben waren, sei es durch berufliche oder familiäre Verpflichtungen oder auch infolge gesundheitlicher Belastungen. Denn Krankheiten werden nicht immer und zwangsläufig mit dem Alter schlimmer; viele Menschen erholen sich nach Krankheiten wieder und holen dann Dinge nach, die ihnen längere Zeit unerreichbar erschienen.

1.1 Mythen und Fakten zu Gesundheit und Krankheit im Alter

»Es kommt nicht darauf an, wie alt man wird, sondern wie man alt wird«
(Ursula Lehr; 1930-2022)[5]

Um Mythen und Fakten zu Gesundheit und Krankheit beleuchten zu können, gilt es zunächst, einen Blick darauf zu werfen, was unter »Gesundheit« üblicherweise verstanden wird. Gesundheit ist zunächst ein neutraler Begriff. Er wird zum einen verwendet, um das Gegenteil von Krankheit zu beschreiben. Dies ist häufig die medizinische Perspektive auf Gesundheit. Der Begriff wird zudem verwendet, um die Laienperspektive auf Gesundheit abzubilden, die subjektive Gesundheit, also wie gesund sich eine Person fühlt. Eine dritte Bedeutung bezieht sich auf die Funktionsfähigkeit. Dazu zählt, inwieweit eine Person körperliche Einschränkungen oder Behinderungen hat. Häufig wird dabei betrachtet, inwieweit eine Person zentralen Aktivitäten des täglichen Lebens nachkommen kann. Ist sie also beispielsweise bettlägerig oder kann sie selbständig einkaufen gehen? Neben körperlichen Einschränkungen wird auch die kognitive Leistungsfähigkeit betrachtet. Diese kann sich im Zuge von dem Alter zugeschriebenen Abbauprozessen im Gehirn ebenfalls verschlech-

---

5 Quelle: https://gutezitate.com/autor/ursula-lehr (Januar 2023), in Anlehnung an das Zitat des Geologen Carl Christian Ochsenius (1830–1906): »Es kommt nicht darauf an, wie alt man ist, sondern wie man alt ist.«

tern. Gesundheit umfasst zudem das psychische Wohlbefinden, dessen Kehrseite Angst und Depression sein können.

Darüber hinaus gibt es dynamische Definitionen von Gesundheit. Dazu zählt die Vorstellung, dass eine Person gesund ist, sofern sie in der Lage ist, krank zu werden und sich nach einer Krankheit wieder von ihr zu erholen. Diese Definition bezieht stärker die Reservekapazitäten einer Person mit ein. Dazu zählen biologische, soziale und psychologische Reserven.

Die Vorstellung, dass es ab der Mitte des Lebens gesundheitlich nur noch bergab geht, ist in vielen von uns tief verankert. Oft wird das Alter mit biologischen Abbauprozessen und Krankheit gleichgesetzt. Das ist nicht ganz falsch und doch eine einseitige Betrachtungsweise. Biologisch betrachtet ist Altern eine zunehmende Störung physiologischer Aktivitäten. Jede Körperzelle, das heißt alle Organsysteme und somit der gesamte Organismus, ist von altersbedingten Veränderungen auf der genetischen und zellphysiologischen Ebene betroffen. Mit dem Altern verändert sich die Fähigkeit des Organismus zur sogenannten Homöostase, zur Selbstregulation. Dadurch steigt die Anfälligkeit für Krankheiten und Infektionen. Erste Anzeichen des Älterwerdens merken wir oft durch den Beginn der Altersweitsichtigkeit (Presbyopie). Für Frauen ist die Menopause und damit das Ende der reproduktiven Lebensphase ein weiteres, klares Signal des Älterwerdens.

Manche vergleichen den menschlichen Körper mit einem Auto. Man stelle sich also vor, ein Auto wird 40 Jahre lang gefahren. Bei guter Pflege und regelmäßiger Wartung nicht ausgeschlossen, doch müssen auf alle Fälle im Laufe der Zeit etliche Dinge repariert oder ausgetauscht werden, vom Anlasser über die Lichtmaschine, den Bremsleitungen oder gar dem ganzen Motor, von der wohl fälligen Rostbeseitigung ganz zu schweigen. Uns Menschen ergeht es nicht viel anders. Da kommt es im Laufe der vielen Jahre zu vergleichbaren Prozessen. Die Gelenke nutzen sich ab, in den Blutgefäßen bilden sich Ablagerungen und nicht immer sorgen wir bei uns selbst für gute Pflege, um in diesem Bild zu bleiben.

1 Was passiert, wenn wir älter werden: Prozesse und gesundheitliche Folgen

Biologische Abbauprozesse sind jedoch nicht alles, was das Altern ausmacht. Zudem unterliegen wir bezüglich der Abbauprozesse oftmals Mythen über das Älterwerden. Wie sehr dies auf Sie selbst zutrifft, können Sie anhand der folgenden Aussagen testen. Die Auflösungen dazu finden Sie auf Seite 23.

Kasten 1.1: Stimmt es oder stimmt es nicht? – Mythen und Wahrheiten über das Älterwerden (1)

1. Die biologische Uhr lässt sich zurückdrehen.
   ☐ ja   ☐ nein
2. Die Alzheimer-Krankheit ist ein unvermeidbarer Teil des Älterwerdens.
   ☐ ja   ☐ nein
3. Die Mehrheit der älteren Menschen ist pflegebedürftig.
   ☐ ja   ☐ nein
4. Ältere Menschen können keine neuen Dinge mehr lernen.
   ☐ ja   ☐ nein
5. Ältere Menschen sind genauso glücklich und zufrieden wie jüngere Menschen.
   ☐ ja   ☐ nein

Es ist beeindruckend, wie lange wir heutzutage im Durchschnitt leben. Aktuellen Zahlen des Statistischen Bundesamtes zufolge haben 40-jährige Männer noch rund weitere 40 Jahre zu leben, bei Frauen sind es sogar noch vier Jahre mehr. Wer ein Alter von 60 Jahren erreicht, kann als Mann erwarten, weitere 22 Jahre zu leben, als Frau sogar weitere 25 Jahre. Haben Männer ein Alter von 80 Jahren erreicht, haben sie noch weitere 8 Jahre vor sich, Frauen sogar 10. Erstaunlich, wo doch die 40-jährigen Männer rund 40 weitere Jahre vor sich haben. Wo liegt hier der Rechenfehler? Diese Zahlen beziehen sich auf die sogenannte »Fernere Lebenserwartung«, also die Lebenserwartung ab einem Alter von zum Beispiel 40 oder eben 80 Jahren. In den Medien wird hingegen meist über die Lebenserwartung bei Geburt berichtet. Jedes Jahr, das wir länger leben, versterben Menschen, die das gleiche Geburtsjahr haben wie wir selbst, meist aufgrund von Krankheiten. Die, die nicht versterben, bilden also mit steigendem Alter immer mehr eine Auslese-Gruppe: Sie bilden die stets kleiner werdende Gruppe der »Überlebenden« und haben eine höhere Wahrscheinlichkeit, viele weitere Jahre zu leben. Denn eine durchschnittliche Lebenserwartung bedeutet nicht, dass alle zu diesem Zeitpunkt versterben: Vielmehr sterben manche früher, andere leben hingegen deutlich länger. Einige der Faktoren, die dazu beitragen, dass manche Menschen früher versterben, während andere weit über das Durchschnittsalter hinaus leben, werden im Laufe des Buches beschrieben. Ein möglichst langes Leben anzustreben, mag ein ehrgeiziges Ziel sein, das sich bei Erreichung als große Enttäuschung herausstellen kann. Das macht das obenstehende Zitat von Ursula Lehr deutlich. Ebenso wie ein Wanderer, dessen einziges Ziel der Blick am Gipfelkreuz ist und bei Ankunft am Kreuz im Nebel steht, mag auch das lange Leben manche enttäuschen, die schwerwiegende Verluste erleben. Wie bei der Wanderung ist auch beim Älterwerden das Unterwegssein entscheidend.

Gesund lange leben: Ein Paradox oder geht das wirklich?

Jüngere Menschen sind aktiv, sozial eingebunden und körperlich fit, alte Menschen sind vulnerabel, einsam und gebrechlich – das ist ein verbreitetes Bild von jungen wie alten Menschen. Die Corona-Pandemie hat dieses Bild noch verstärkt: Die als »Risikogruppe« deklarierten alten Menschen wurden im deutlichen Kontrast zu den jungen Menschen dargestellt, denen das Virus nichts anzuhaben scheint. Langfristige Folgen in Form von Long- oder Post-Covid, von denen auch jüngere Menschen und solche mit leichten Krankheitsverläufen betroffen sind, mögen diese starke Zweiteilung etwas abgeschwächt haben. Doch die Gleichsetzung von Alter und Krankheit besteht schon weit länger als die Corona-Pandemie.

1 Was passiert, wenn wir älter werden: Prozesse und gesundheitliche Folgen

Krankheiten sind im Alter tatsächlich stärker verbreitet als in jüngeren Altersgruppen. Dies ist jedoch nicht allein auf altersphysiologische Veränderungen zurückzuführen. Zahlreiche Umweltfaktoren wie Lärm oder Luftverschmutzung sowie Lebensstilfaktoren (z. B. Rauchen, Bewegungsmangel) und genetische Faktoren tragen dazu bei, dass Krankheiten entstehen und langfristig bestehen bleiben. Chronische Erkrankungen entwickeln sich oftmals im Laufe des Lebens, manchmal sogar bereits in der Kindheit, begleiten eine Person das ganze Leben und führen teilweise zu gesundheitlichen Folgeproblemen, wie dies beispielsweise für Diabetes (»Zuckerkrankheit«) bekannt ist. Auf diese Weise »sammelt« eine Person im Laufe des Lebens eine Reihe verschiedener Krankheiten an. Auch deshalb haben im Alter mehr Menschen mehrere Krankheiten gleichzeitig.

Aktuellen und für Deutschland repräsentativen Befragungsdaten des Robert Koch-Instituts (RKI) aus den Jahren 2019/20 zufolge berichtet gut die Hälfte der 45- bis 64-jährigen Männer und Frauen über dauerhafte Krankheiten und chronische Gesundheitsprobleme. In der Altersgruppe der ab 80-jährigen Menschen sind es, unabhängig vom Geschlecht, gerade einmal drei Prozent mehr als bei den 45- bis 64-jährigen Frauen. Das sind konkret sechs von zehn Personen (Heidemann et al., 2021). Mag sein, dass bei älteren Menschen häufiger als bei anderen Altersgruppen die eine oder andere Person aufgrund ihrer Erkrankung nicht befragt werden konnte, so dass die tatsächliche Zahl etwas höher liegen könnte. Doch selbst dann machen die Daten deutlich, dass alt sein nicht automatisch krank sein bedeutet – auch nicht für jene, die bereits seit 80 Jahren leben. Die gleiche Studie des RKI fragte ergänzend, ob man aus gesundheitlichen Gründen bei alltäglichen Aktivitäten mäßig oder stark eingeschränkt sei. Genauso wie bei den Erkrankungen bejahten dies sechs von zehn Personen im Alter ab 80 Jahren. Dies bedeutet umgekehrt, dass vier von zehn Personen in diesem Alter keine Einschränkungen im Alltag erleben. Das ist eine bemerkenswerte Zahl. Dennoch gilt es, nicht jene zu übersehen, die körperliche oder geistige Einschränkungen erleben.

Die amtliche Pflegestatistik dokumentiert, wie viele Menschen einen anerkannten Pflegebedarf haben. Dies gilt für acht von zehn

1.1 Mythen und Fakten zu Gesundheit und Krankheit im Alter

Personen ab dem 90. Lebensjahr. Etwas mehr als jede dritte Person in diesem Alter hat eine dementielle Erkrankung. Auf die Gesamtbevölkerung betrachtet stellt die Gruppe der über 90-Jährigen jedoch den kleinsten Anteil dar. Stellen wir uns eine Gruppe von 1.000 Menschen vor, dann sind statistisch betrachtet gerade einmal zehn von ihnen 90 Jahre oder älter, während 157 Menschen dieser Gruppe 50 bis 60 Jahre alt sind (▶ Abb. 1.1). Für diese deutlich größere Gruppe der zukünftig sehr alten Menschen gilt es, passende Präventionskonzepte zu entwickeln.

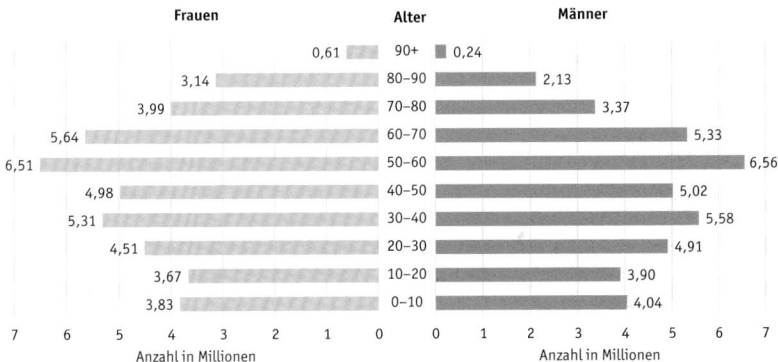

Abb. 1.1: Bevölkerungsanteile nach Altersgruppe: Die größte Gruppe bilden derzeit [2021] die 50- bis 60-Jährigen, die kleinste Gruppe die ab 90-Jährigen. (Quelle: Statistisches Bundesamt, 2023, eigene Darstellung)

Selbst wenn die Zahl der älteren Menschen, die keine chronischen Gesundheitsprobleme und keine Einschränkungen im Alltag haben, klein wäre: Es müsste uns trotzdem vor Augen führen, dass gesund älter zu werden kein Paradox, sondern realisierbar ist. Tatsächlich haben aber vier von zehn Personen ab 80 Jahren keine gesundheitlichen Probleme bzw. keine Einschränkungen im Alltag. Dies macht deutlich, dass es nicht nur ein paar wenige Glückspilze sind, die gesund ins Alter kommen. Gesund lange zu leben kann also klappen.

Gesundheit ist mehr als die Abwesenheit von Krankheit

Alt zu sein bedeutet also nicht automatisch, krank zu sein. Genauso, wie es Kinder mit chronischen Erkrankungen gibt, haben ältere Menschen teilweise keine Erkrankungen. Die grobe Unterscheidung in gesund oder krank greift jedoch für alle Altersgruppen zu kurz. Die Zweiteilung von Gesundheit und Krankheit, wie bei einem Lichtschalter, den man auch nur an oder aus machen kann, orientiert sich an der medizinischen Notwendigkeit, Diagnosen zu stellen. Der Arzt muss klar entscheiden, ob eine Erkrankung vorliegt und ob deshalb eine Behandlung eingeleitet werden soll – oder nicht. In der Forschung ist dieses »Lichtschaltermodell« unter dem Begriff des biomedizinischen Modells bekannt. Ihm steht das biopsychosoziale Modell gegenüber und damit die Vorstellung, dass Gesundheit und Krankheit ein Kontinuum darstellen. Man kann also mehr oder weniger gesund sein, in gradueller Abstufung, wie bei einem Dimmer, durch den das Licht einer Lampe in allen Helligkeitsabstufungen eingestellt werden kann. Hinzu kommt, dass das biopsychosoziale Modell bei der Frage, wie gesund (oder krank) jemand ist, nicht allein die Schwere einer Erkrankung selbst betrachtet, sondern auch die psychischen, sozialen und verhaltensbezogenen Risiken und Schutzfaktoren eines Menschen berücksichtigt. Risikofaktoren liegen dann vor, wenn jemand beispielsweise regelmäßig raucht, eine dauerhaft negativ getönte Stimmung hat oder niemanden hat, dem der Betreffende sich anvertrauen oder den er gar um Hilfe bitten könnte. Zu Schutzfaktoren zählen unter anderem das Vertrauen in die eigenen Fähigkeiten, ein unterstützendes soziales Netzwerk, gesunde Ernährung und regelmäßige körperliche Aktivität.

Unberücksichtigt bleibt also beim »Lichtschaltermodell«, das nur zwischen gesund und krank unterscheidet, nicht nur die tatsächliche Schwere einer Erkrankung, sondern auch, was die Erkrankung für eine Person im Alltag konkret bedeutet. Denn anders als beim Beispiel des Autos lässt sich unser Organismus nicht mechanistisch auf rein körperliche Zustände reduzieren. Zentral sind auch unser subjektives Erleben und unser Umfeld, in dem wir leben. Was bedeutet für eine

1.1 Mythen und Fakten zu Gesundheit und Krankheit im Alter

Person eine bestimmte Krankheit? Hat die Person Schmerzen oder erlebt sie Einschränkungen, die es ihr unmöglich machen, ihren alltäglichen Dingen nachzugehen und am sozialen Leben teilzuhaben? Nehmen wir das Beispiel eines IT-Spezialisten und eines Fliesenlegers, beide mit der gleichen Kniearthrose. Von außen betrachtet ist die Kniearthrose für den Fliesenleger weit schlimmer, da er viel tragen und auf den Knien arbeiten muss. Vielleicht ist der IT-Spezialist jedoch in seinem Leben eingeschränkter, da er in seiner Freizeit leidenschaftlich Fußball spielt. Der Fliesenleger leitet vielleicht inzwischen seinen Betrieb und lässt jüngere Kollegen die körperlich anstrengenden Arbeiten erledigen. Das »Dimmermodell« bildet dies differenzierter ab. Es wird in Fachkreisen als Kontinuumsmodell bezeichnet, da Gesundheit und Krankheit die Endpole eines Kontinuums darstellen.

Kasten 1.2: Mythen und Wahrheiten über das Älterwerden: Auflösung (1)

1. Die biologische Uhr lässt sich zurückdrehen.
   → Wahrheit: Neuerer Forschung zufolge lässt sich unsere biologische Uhr etwas zurückdrehen. Mit jeder Zellteilung und damit mit steigendem Alter verkürzen sich die schützenden Endabschnitte von Chromosomen (Telomere). Lässt sich die stetige Telomerverkürzung nicht mehr kompensieren, sterben die Zellen. Telomere können jedoch wieder verlängert werden, und zwar mit Hilfe von pluripotenten Stammzellen. Das biologische Alter wird auch anhand epigenetischer Uhren berechnet. Auf der Grundlage alternder Zellen wird anhand von Algorithmen das biologische Alter bestimmt. Es gibt Hinweise darauf, dass sich auch diese epigenetische Uhr zurückdrehen lässt – auf zellulärer Ebene scheint es also eine Art Jungbrunnen zu geben (z. B. Galkin et al., 2020).
2. Die Alzheimer-Krankheit ist ein unvermeidbarer Teil des Älterwerdens.

→ Mythos: Nur ein kleiner Teil der Bevölkerung erkrankt im Alter an einer Demenz vom Alzheimer-Typ oder einer anderen Form von Demenz. Von allen Menschen ab 65 Jahren hat eine von 12 Personen eine Demenz. Bei den ab 90-Jährigen haben drei bis vier von zehn Menschen eine Demenz, die Mehrheit hat hingegen keine (Bickel, 2022).
3. Die Mehrheit der älteren Menschen ist pflegebedürftig.
→ Mythos: Trifft sich eine Runde von 10 Menschen ab 65 Jahren, dann haben von ihnen (statistisch betrachtet) zwei einen anerkannten Pflegebedarf. Dabei kann es sich auch um einen niedrigen Pflegegrad handeln. Übrigens werden 84 Prozent aller Menschen mit Pflegebedarf zuhause versorgt, nur 16 Prozent leben in einem Heim (Statistisches Bundesamt, 2022).
4. Ältere Menschen können keine neuen Dinge mehr lernen.
→ Mythos: »Was Hänschen nicht lernt, lernt Hans nimmermehr« lautet ein altes Sprichwort. Die heutige Forschung ist da anderer Meinung. Heute weiß man, dass man im Alter teilweise zwar mehr Zeit benötigt, um etwas zu lernen, dass aber Menschen bis ins hohe Alter lernfähig sind (z. B. Zinke et al., 2014).
5. Ältere Menschen sind genauso glücklich und zufrieden wie jüngere Menschen.
→ Wahrheit: Studien, in denen jüngere und ältere Menschen miteinander verglichen wurden und solche, in denen Menschen über viele Jahrzehnte hinweg immer wieder befragt wurden, zeigen, dass die Lebenszufriedenheit und positive Stimmung im Alter mindestens so gut ist wie bei jüngeren Menschen. Manche Studien zeigen einen U-förmigen Verlauf, also hohe Zufriedenheit im jungen Erwachsenenalter, geringere Zufriedenheit im mittleren Erwachsenenalter und erneut hohe Lebenszufriedenheit im Alter. Ein Rückgang der Lebenszufriedenheit findet sich allerdings in der letzten Phase vor dem Tod (z. B. Baird et al., 2010; Gana et al., 2013; Schilling et al., 2018).

1.1 Mythen und Fakten zu Gesundheit und Krankheit im Alter

Macht es einen Unterschied, ob man Krankheiten als normale Begleiterscheinung des Alters betrachtet oder nicht?

Dass das Alter nicht pauschal mit Krankheit gleichgesetzt werden kann, verdeutlichen die bereits gezeigten Zahlen zu Menschen, die sich im Alter einer guten Gesundheit erfreuen. Wie sieht dies aber für jene aus, die Krankheiten, Beschwerden oder Einschränkungen haben – sind hier nicht doch Alter und Krankheit gleichzusetzen?

Tatsächlich können die Übergänge zwischen normalem Altern und Krankheitsprozessen fließend sein. Spätestens ab der Lebensmitte bekommen Patienten regelmäßig von Ärzten zu hören, ihr körperlicher Zustand (z. B. Augen, Knie, Zähne) sei »altersgemäß«. Das klingt nicht mehr ganz gesund, aber im besten Fall auch nicht krank. Aber ab wann kommt dann der Zeitpunkt, ab dem eine behandlungsbedürftige Krankheit vorliegt, zum Beispiel ein sogenannter Grauer Star am Auge (Katarakt) oder eine Zahnbettentzündung (Parodontitis)? Mit steigendem Lebensalter wird es zunehmend schwieriger, zwischen altersbezogenen Veränderungen und pathologischen Prozessen oder einfacher gesagt, zwischen Alter und Krankheit zu unterscheiden. Diese Unterscheidung hat jedoch nicht allein theoretische, sondern auch konkrete, praktische Bedeutung.

Vermutlich haben viele schon einmal eine Krankheit auf das Alter zurückgeführt. Typ-2-Diabetes galt beispielsweise lange Zeit als eine altersbedingte Erkrankung (▶ Kap. 3.1). Für andere Krankheiten macht man hingegen eher genetische Ursachen oder den Lebensstil verantwortlich. Mehrere Studien wollten wissen, ob dies einen Unterschied mit Blick auf das eigene, gesundheitsrelevante Verhalten macht. Eine dieser Studien untersuchte rund 100 Personen ab 80 Jahren. Sie wurden danach gefragt, worauf sie ihre Erkrankung (z. B. Diabetes, Herzerkrankung, Krebs) zurückführten. Diejenigen, die ihre Erkrankung mit ihrem Lebensalter erklärten, zeigten zwei Jahre später deutlich weniger Bemühungen, einen gesunden Lebensstil zu führen. Zu diesem späteren Zeitpunkt war zudem rund ein Viertel der Befragten verstorben. Mehr als doppelt so viele dieser Verstorbenen kamen aus der Gruppe derjenigen, die zuvor ihre Erkrankung dem eigenen Alter zugeschrieben hatten (Stewart et al., 2012).

Auch andere Studien bestätigen, dass es einen Unterschied macht, worauf ältere Menschen eine Krankheit zurückführen. Deutlich wird dabei: Jene, die gesundheitliche Probleme ihrem Alter zuschreiben, suchen seltener einen Arzt auf, haben eine höhere Rate an Krankenhauseinweisungen und erleben größere körperliche Einbußen als Menschen, die andere Erklärungen für ihre gesundheitlichen Probleme heranziehen.

Wie kommt es dazu? Ein wesentlicher Grund dafür liegt darin, dass das Altern für viele Menschen mit drei Dingen gedanklich verknüpft ist:

1. Altern schreitet stetig voran (Unumkehrbarkeit),
2. Altern betrifft den gesamten Organismus (Generalität) und
3. Altern wird als unveränderbar erlebt (Unkontrollierbarkeit).

Kasten 1.3: Zwei Erfahrungsberichte älterer Patienten

- Ich ging zum Arzt und sagte: »Schauen Sie, ich kann nicht gehen. Was soll ich nur tun?« Und er sagte: »Wie alt sind Sie?« – Ich sagte: »Ich bin fast 90.« »Was erwarten Sie? Sie sind ein alter Mann.«
- »...sie geben Dir diese Tablette gegen Rückenschmerzen, sie hat aber Nebenwirkungen und wenn Du dann wieder zum Arzt gehst, bekommst Du eine Tablette gegen die Nebenwirkungen. Dann hat dieses Medikament eine weitere Nebenwirkung und das ist es, was den gesamten Stoffwechsel durcheinander bringt...«.

(aus Makris et al., 2015; Übersetzung aus dem Englischen durch die Autorin)

1.1 Mythen und Fakten zu Gesundheit und Krankheit im Alter

Werden Krankheiten auf das eigene Alter zurückgeführt, entsteht also leicht das Gefühl, man könne ohnehin nichts mehr machen. Dann lohnt sich auch eine ärztliche Abklärung nicht. Sucht eine Person mit dieser Grundhaltung dennoch eine Arztpraxis auf, um ihre Beschwerden abklären zu lassen, trifft sie im ungünstigen Fall auf einen Arzt, der diese Haltung bestätigt.

Nicht nur ältere Menschen, sondern auch ihre behandelnden Ärzte betrachten körperliche und auch psychische Beschwerden regelmäßig als normale Begleiterscheinung des Alterns. Eine Reihe von Studien weist darauf hin, dass dadurch Erkrankungen (z.B. Depression) und Risikofaktoren (z.B. Bluthochdruck) bei Älteren häufiger übersehen werden als bei jüngeren Personen. Entsprechend bleiben sie auch häufiger unbehandelt. In anderen Fällen erfolgt zwar eine dauerhafte Versorgung (z.B. eine medikamentöse Behandlung von Schmerzen). Diese ist jedoch stärker auf den Umgang mit Beschwerden ausgerichtet als auf heilende Maßnahmen in Bezug auf die zu Grunde liegende Erkrankung. Doch auch hier gibt es häufig kein klares »Entweder-oder« – Heilung oder Linderung von Beschwerden. Vielmehr gilt es, Dinge zu verändern, die man verändern kann und jene zu akzeptieren, die man nicht verändern kann. Das erinnert an das weithin bekannte Gelassenheitsgebet, das wahrscheinlich auf den deutsch-amerikanischen Theologen Reinhold Niebuhr zurückgeht:

> »Gott, gib uns die Gnade, mit Gelassenheit Dinge hinzunehmen, die ich nicht ändern kann, den Mut, Dinge zu ändern, die ich ändern kann, und die Weisheit, das eine vom anderen zu unterscheiden.«

Wie schwierig es ist, veränderbare und unveränderliche Dinge voneinander zu unterscheiden, macht der Hinweis auf die erforderliche Weisheit deutlich. Oftmals ist es nicht ein Mangel an Weisheit, sondern von aktuellem Wissen über Gesundheit und Altern sowie von guter Kommunikation zwischen Patienten und medizinischem Personal. Gemeinsam gilt es, Vor- und Nachteile verschiedener Behandlungsoptionen sorgfältig für eine betreffende Person abzuwägen. Werden gesundheitliche Probleme hingegen ohne eingehende medizinische Untersuchung als altersbedingt normal betrachtet, kann es durchaus sinnvoll sein, sich eine zweite ärztliche Meinung einzuholen und zunächst eine genauere Diagnostik anzustreben. Eine Health Literacy zu entwickeln, kann dabei hilfreich sein.

> **Kasten 1.4: Was meint »Health Literacy«?**
> Stellen Sie sich vor, Ihre Ärztin diagnostiziert bei Ihnen eine Coxarthrose. Was ist das? Was kann man dagegen tun? Wo sollten Sie sich behandeln lassen? Im Fall einer Coxarthrose, also einem Gelenkverschleiß der Hüfte, könnte es sein, dass die Ärztin ein künstliches Hüftgelenk empfiehlt, eine sogenannte Hüft-Total-Endoprothese (Hüft-TEP). Doch ist diese wirklich erforderlich? Was würde genau operiert und wie lange würde die anschließende Erholungsphase dauern? Möchte man die Risiken und Vorteile einer Behandlungsmethode erfahren und abwägen, ist Gesundheitskompetenz erforderlich. Der englische Begriff dafür ist Health Literacy. Auf der Suche nach Gesundheitsinformationen sind wir heutzutage mit einer Vielzahl von Angeboten konfrontiert. Internet und soziale Medien sind leicht erreichbar, verstärken jedoch die Fülle und Unübersichtlichkeit an Informationen. Welche Informationen sind glaubwürdig und relevant und damit eine wichtige Entscheidungsgrundlage? Gesundheitskompetenz beschreibt den Umgang mit Gesundheitsinformationen sowie grundlegende Ressourcen, um zu Informationen zu gelangen. Dazu zählen Lese- und Schreibfertigkeiten, kommunikative und soziale Kompetenzen, etwa im Austausch mit medizinischem Fachpersonal, technologische Kompetenzen, etwa im Bedienen eines Computers, kritisches Hinterfragen und eine gewisse Motivation, Informationen gewinnen zu wollen. Die erfolgreiche Informationssuche, ein Verständnis der Inhalte und schließlich die informierte Entscheidungsfindung sind das Ergebnis von Gesundheitskompetenz. Sie begünstigt damit nicht nur die Krankheitsbewältigung und Genesung, sondern auch die Gesunderhaltung im Alltag. In Deutschland mangelt es bei etwa der Hälfte der Bevölkerung an Gesundheitskompetenz, insbesondere bei Men-

schen mit geringer Bildung, chronischen Erkrankungen sowie älteren Menschen. Informationen zu häufigen Gesundheitsfragen, auch der Coxarthrose, finden sich zum Beispiel auf den Internetseiten des wissenschaftlich unabhängigen Instituts für Qualität und Wirtschaftlichkeit im Gesundheitswesen (IQWiG), www.gesundheitsinformation.de. Die unabhängige Patientenberatung Deutschland (UPD) berät kostenfrei bei gesundheitlichen und gesundheitsrechtlichen Fragen (www.patientenberatung.de).

1.2 Gesund sein – gesund fühlen: die 30-Prozent-Regel

»Altwerden ist wie auf einen Berg steigen. Je höher man kommt, desto mehr Kräfte sind verbraucht, aber um so weiter sieht man.« Ingmar Bergman (1918–2007)[6]

Bereits im Jahr 1949 machte die Weltgesundheitsorganisation (WHO) in ihrer Gründungspräambel deutlich, dass Gesundheit mehr als nur die Abwesenheit von Krankheiten ist. Sie definierte Gesundheit als Zustand des vollkommenen körperlichen, seelischen und sozialen Wohlbefindens. Auch wenn ein »vollkommenes« Wohlbefinden ein hoher Anspruch ist, spiegelt sich in dieser Definition vor allem die große Bedeutung des positiven subjektiven Erlebens wider.

Die Erweiterung des Gesundheitsbegriffs von einem Fokus auf medizinische Diagnosen und Todesursachen hin zur Frage, wie gesund sich Menschen fühlen, war vorausschauend. Starben noch Anfang des 20. Jahrhunderts die meisten Menschen an Infektionskrankheiten, änderte sich dies im Laufe der ersten drei Jahrzehnte des letzten Jahrhunderts. Wesentliche Gründe dafür waren die Ein-

---

6 Quelle: www.zitate.eu/autor/ingmar-bergman-zitate/187562 (Januar 2023)

führung von antimikrobiellen Medikamenten (Antibiotika gegen Bakterien, Antimykotika gegen Pilze), die Entwicklung von Impfstoffen (z.B. gegen Pocken), die Verbesserung hygienischer Verhältnisse (z.B. Müllentsorgung, sauberes Trinkwasser), die bessere Gesundheitsaufklärung der Bevölkerung und verbesserte Operationstechniken. Die Kindersterblichkeit ging stark zurück, die Lebenserwartung stieg deutlich an. In der Folge veränderte sich das Krankheitsbild. Die noch zu Beginn des letzten Jahrhunderts hohe Zahl von Infektionserkrankungen wurde durch die deutliche Zunahme chronischer, nicht-übertragbarer Krankheiten abgelöst. Nur die Spanische Grippe der Jahre 1918 bis 1920 führte vorübergehend zu einem erneuten Anstieg der Fälle einer tödlichen Infektion. Von diesen Jahren abgesehen, wurden Herz-Kreislauf-Erkrankungen und Krebserkrankungen bis heute zu den beiden Haupttodesursachen – nicht allein in Deutschland, sondern ebenso weltweit. In Deutschland änderte daran auch nichts die Covid-19-Pandemie, zumindest nicht für die bisherigen Pandemiewellen.

Krankheiten, die mindestens ein halbes Jahr andauern, werden als chronisch bezeichnet. Viele Personen leben Jahre, oftmals auch Jahrzehnte, mit einer solchen Erkrankung und den damit verbundenen Beschwerden. Bei lang andauernden Krankheiten ist es besonders wichtig, nicht nur zu wissen, ob eine Person eine Krankheit hat, sondern auch, wie gesund sich eine Person (trotzdem) fühlt.

Kasten 1.5: Wie wird die »gefühlte« (subjektive) Gesundheit gemessen?
Möchte man das subjektive Erleben von Menschen erfahren, werden diese nach ihrer persönlichen Einschätzung gefragt. Um die subjektive Gesundheit zu erfahren, wird meist eine einzige kurze Frage gestellt:
Wie bewerten Sie Ihren derzeitigen Gesundheitszustand?

Sehr gut	Gut	Mittel	Schlecht	Sehr schlecht
☐	☐	☐	☐	☐

1.2 Gesund sein – gesund fühlen: die 30-Prozent-Regel

Medizinstudierende in den ersten Semestern reagieren oftmals zunächst enttäuscht, dass man Menschen einfach danach fragt, wie es ihnen geht, statt dies objektiv zu messen. Eine Unterscheidung zwischen objektiv gemessener und subjektiv erlebter Gesundheit ist jedoch wichtig, weil die ärztliche Einschätzung ganz andere Informationen liefert als das persönliche Erleben. Menschen, die einer ärztlichen Untersuchung zufolge gesund sind, fühlen sich teilweise dennoch krank. Umgekehrt haben Personen, die einer medizinischen Diagnostik zufolge eine oder mehrere Erkrankungen haben, oftmals durchaus eine gute subjektive Gesundheit.

> **Kasten 1.6: Zwei Fallbeispiele im Vergleich**
> Frau Z. ist 71 Jahre alt. Vor rund zwei Jahren hatte sie einen schweren Herzinfarkt. Als Folge hat sie eine Herzschwäche (Herzinsuffizienz) und kann sich nicht mehr so belasten wie früher. Sie hat ihr Leben umgestellt, hat nun eine Haushaltshilfe und geht regelmäßig mit einer Freundin spazieren. Danach befragt, wie sie ihre Gesundheit bewertet, antwortet sie »sehr gut, ich fühle mich gesund«. Ihre behandelnden Ärzte würden sie hingegen als krank beurteilen.
>
> Herr K. ist 69 Jahre alt. Auch er hatte, etwa zur gleichen Zeit, einen Herzinfarkt. Dieser wurde früh erkannt und schnell behandelt. Sein Herz wurde nicht nachhaltig geschädigt, er gilt seitdem von ärztlicher Seite als gesund. Er schläft seit dieser Zeit jedoch schlecht und schreckt nachts regelmäßig mit Ängsten und Enge in der Brust auf. Seine Ärzte haben dafür keine Erklärung. Nach seiner Gesundheit befragt, gibt er an, dass er sich krank fühle; seine subjektive Gesundheit bewertet er als »schlecht«.

Abweichungen liefern wichtige Informationen

Die beiden Beispiele von Frau Z. und Herrn K. illustrieren ein Phänomen, das in einer Vielzahl von Studien beobachtet wurde. In einem Fachartikel, in dem 180 solcher Studien vergleichend untersucht wurden, zeigte sich zwischen objektiver, ärztlicher Gesundheitseinschätzung und der subjektiven Gesundheit nur eine Übereinstimmung zwischen 5 und 30 Prozent (Pinquart, 2001). Die objektive Gesundheit spielt also eine gewisse Rolle für die subjektive Gesundheit, ist aber bei Weitem nicht mit ihr gleichzusetzen. Die Übereinstimmung zwischen objektiver und subjektiver Gesundheit nimmt im Verlauf des Erwachsenenalters ab: Während sich mit steigendem Alter die objektive Gesundheit oftmals merklich verschlechtert, nimmt die subjektive Gesundheit nicht unbedingt im gleichen Maße ab. Ein wesentlicher Grund dafür liegt in der Zunahme chronischer Erkrankungen, die wie im Beispiel von Frau Z. und Herrn K. unterschiedlich schwerwiegend sein können, aber vor allem sehr unterschiedlich erlebt werden. Gerade im höheren Lebensalter wird deshalb die subjektive Gesundheit als wichtige ergänzende Gesundheitsinformation angesehen.

Nicht wenige Menschen kennen eine ähnliche Situation wie jene von Herrn K., der bereits einen Ärztemarathon hinter sich hat und dem niemand weiterhelfen konnte. Andere kennen jemanden wie Frau Z. und damit eine Person, bei der man regelmäßig angesichts ihrer Erkrankung(en) staunt, wie fröhlich und zuversichtlich sie ist. Beide haben gesundheitliche Risiken, die im Blick behalten werden sollten. – Warum?

Trotz seiner vielen Arzttermine ist Herr K. unterversorgt, da ihm niemand weiterhilft. Womöglich spürt Herr K. ganz zurecht, dass etwas nicht in Ordnung ist. Möglicherweise wurde er doch noch nicht genau genug untersucht. Oder aber, er hat Schwierigkeiten, das Erlebte zu verarbeiten. In beiden Fällen ist es wichtig, dass Herr K. konkrete Angebote bekommt, sowohl was eingehende Untersuchungen als auch eine ärztliche oder therapeutische Beratung betrifft. Herr K. ist durch die Situation stark belastet, seine Lebens-

1.2 Gesund sein – gesund fühlen: die 30-Prozent-Regel

qualität ist erheblich beeinträchtigt. Allein durch diese Belastung und dem damit einhergehenden Stress hat er ein erhöhtes Risiko für Folgeerkrankungen.

Auch Frau Z. hat potentiell ein erhöhtes Risiko. Wegen ihrer positiven Grundhaltung geht sie möglicherweise seltener zu Untersuchungen oder vergisst, ihre Medikamente einzunehmen, die sie ohnehin nicht so wichtig nimmt. Bei Arztbesuchen erzählt sie in erster Linie, dass es ihr gut gehe. Ihre Beschwerden fallen ihr oftmals erst wieder ein, wenn sie vom Arztbesuch nach Hause zurückkehrt. Auch Frau Z. läuft damit Gefahr, unterversorgt zu sein, wenngleich aus völlig anderen Gründen. Weil sie nicht über ihre Beschwerden klagt, wird ihre Untersuchung potentiell kürzer ausfallen. Eine erneute kritische Verengung ihrer Herzkranzgefäße wird dadurch möglicherweise übersehen.

In beiden Fällen liefert die Abweichung zwischen ärztlich diagnostizierter und subjektiver Gesundheit wichtige Informationen. Bei Herrn K. darüber, dass er tagtäglich eine gesundheitliche Belastung erlebt, die ihn verunsichert und die seine Lebensqualität erheblich beeinträchtigt. Bei Frau Z. darüber, dass sie über gute Ressourcen im Umgang mit ihrer Krankheit verfügt, aber umso genauer hingesehen werden sollte, damit keine wichtigen Krankheitszeichen übersehen werden. Einfacher und in der Regel leichter behandelbar sind Patienten, bei denen objektive und subjektive Gesundheit und damit die Einschätzung der Ärzte und Patienten übereinstimmen. Umso wichtiger ist es, gerade bei den Abweichungen aufmerksam zu werden – im Grunde wird es genau da besonders interessant. Ärzte und Therapeuten sollten deshalb die subjektive Gesundheit erfragen. Das ist bisher keine gängige Praxis. Selbst im geriatrischen Assessment ist diese kurze Frage zur subjektiven Gesundheit trotz ihrer hohen Relevanz bisher nicht enthalten.

Kasten 1.7: Was ist das geriatrische Assessment?
Das geriatrische Assessment (»Einschätzung«) ist ein Untersuchungsverfahren, das sich an ältere und hochaltrige Menschen

richtet. Es dient dazu, die funktionellen Beeinträchtigungen und Ressourcen des Patienten festzustellen und zusätzlich Faktoren im persönlichen Umfeld und in der Lebensführung der Betroffenen zu ermitteln, die Einfluss auf die Gesundheit und Funktionsfähigkeit haben. Das geriatrische Assessment umfasst medizinische Untersuchungen, etwa zur Einschätzung von Seh- und Hörvermögen, Mangelernährung, Muskelkraft und Schmerzzuständen. Zudem beinhaltet es die Untersuchung kognitiver Defizite wie Demenz und emotionaler Leiden wie Depression sowie die Ermittlung der sozialen, häuslichen und finanziellen Verhältnisse einer Person. Schließlich kommen Funktionstests zum Einsatz, die motorische Grundfunktionen (zum Beispiel Stand- und Gangsicherheit) und alltagsnahe Funktionsfähigkeit (Waschen, Anziehen, Treppensteigen) erfassen. Die Ergebnisse der Untersuchung dienen als Grundlage, um den gesundheitlichen Versorgungs- und Unterstützungsbedarf von Patienten festzustellen und einen Plan für die weitere Behandlung und Betreuung zu entwickeln. Eine besondere Rolle kommt dabei den Hausärzten zu. Denn das geriatrische Assessment ist nicht nur ein wichtiges Instrument in Fällen von Rehabilitation und Pflege, sondern kann im Rahmen der präventiven Beratung durch Hausärzte viel zur Gesundheit älterer Menschen beitragen und Pflegebedürftigkeit und Krankenhauseinweisungen vorbeugen.

Wer wird voraussichtlich länger leben?

Natürlich haben wir Frau Z. und Herr K. nur in Ansätzen kennengelernt. Wer von beiden hat wahrscheinlich mehr Lebensjahre vor sich? Herr K., dem medizinisch eine gute Gesundheit attestiert wird, der sich aber schlecht fühlt? Oder Frau Z., die sich gesund fühlt, jedoch eine deutlich schlechtere ärztliche Diagnose hat?

Diese Frage haben sich über 50 internationale Studien gestellt, allerdings natürlich nicht auf der Grundlage von zwei Personen, sondern anhand von großen Studienpopulationen (für eine Übersicht vgl. DeSalvo et al., 2006; Idler & Benyamini, 1997). In allen Studien wurden objektive Angaben zum Gesundheitszustand und zur subjektiven Gesundheitseinschätzung sowie zu etlichen weiteren Faktoren erhoben – unter anderem das Alter der Personen, Geschlecht, Bildung, Familienstand, körperliche Aktivität, Rauchen und Alkoholkonsum. Diese Faktoren dienten dazu, die Sterbe- bzw. Überlebenswahrscheinlichkeit der Menschen vorherzusagen.

Beeindruckender Weise kamen die Studien zu dem übereinstimmenden Ergebnis, dass die einfache, kurze Frage zur subjektiven Gesundheit die Sterblichkeit oder Langlebigkeit besser vorhersagen konnte als objektive Diagnosen. Eine dieser Studien untersuchte die Überlebenswahrscheinlichkeit über einen Zeitraum von rund zwölf Jahren und bezog mehr als 400.000 Menschen ab 60 Jahren aus Europa und den USA mit ein (Bamia et al., 2017). Menschen, die ihre Gesundheit nur als mittelmäßig bis schlecht beurteilen, hatten dieser Studie zufolge eine fast doppelt so hohe Wahrscheinlichkeit zu versterben wie jene, die ihre Gesundheit mindestens als gut beurteilten. Diese Bedeutung der subjektiven Gesundheit für die Sterbewahrscheinlichkeit blieb auch dann bestehen, wenn andere, für die Sterblichkeit wichtige Faktoren, wie das Alter, Geschlecht, Bildung, Vorerkrankungen, Lebensstil zugleich betrachtet wurden. Vertiefend ging die Studie der Frage nach, ob dieser Effekt vielleicht aber nicht bei bestimmten Personengruppen zu finden ist. Die Studie verglich deshalb Menschen mit unterschiedlichem Alter, Männer und Frauen, Personen mit unterschiedlicher Bildung und solche mit unterschiedlicher objektiver Gesundheit. Doch für alle zeigte sich das gleiche Ergebnis: Die subjektive Gesundheit konnte Sterblichkeit besser vorhersagen als objektive Gesundheitsmaße.

Die Ergebnisse zeigen eindrücklich: Der subjektiven Gesundheit kommt eine besondere Bedeutung für die Langlebigkeit zu. Und doch wird diese Frage selten von Ärzten gestellt. Um zu unserem Beispiel zurückzukommen: Es spricht viel dafür, dass Frau Z. eine höhere Überlebenswahrscheinlichkeit als Herr K. hat.

> **Kasten 1.8: Warum kann die subjektive Gesundheit besser als die objektive Gesundheit vorhersagen, wie lange wir leben?**
>
> 1. Die subjektive Gesundheit schließt vielfältige Informationen ein. – Eine ärztliche Diagnose erfasst nur dass, was tatsächlich untersucht wurde. In die subjektive Gesundheit fließt aber mehr ein: Studien belegen, dass die subjektive Gesundheit auch Informationen aus Biomarkern widerspiegelt. Biomarker zeigen zum Beispiel entzündliche Prozesse im Körper an, die eine Person spürt, in dem sie sich nicht gesund fühlt. In die subjektive Gesundheit fließt zudem das biografische Wissen einer Person über ihre zurückliegenden Erkrankungen und ihr Gesundheitsverhalten mit ein. Gerade ältere Personen, die Beschwerden als »altersgemäß normal« interpretieren, suchen oft gar keine Arztpraxis auf oder berichten dort bestimmte gesundheitliche Probleme nicht, da sie diese ohnehin nicht für veränderbar halten. Menschen beziehen also oftmals ein viel breiteres Wissen bei ihrer subjektiven Gesundheitsbewertung mit ein, als Ärzte dies haben.
> 2. Wer sich subjektiv gesünder fühlt, lebt gesünder. – Studien zeigen, dass objektiv erkrankte Menschen, die eine gute subjektive Gesundheit haben, insgesamt aktiver sind als jene mit schlechter subjektiver Gesundheit – sei es in Form körperlicher oder auch sozialer Aktivität. Beides trägt zu Langlebigkeit bei.
> 3. Wer sich subjektiv gesünder fühlt, verfügt über mehr psychosoziale Ressourcen. – Menschen, die aus objektiver Sicht krank sind, aber eine gute subjektive Gesundheit haben, haben oftmals auch ein höheres Wohlbefinden, also eine bessere Stimmung und höhere Lebenszufriedenheit. Dies weist darauf hin, dass sie insgesamt über mehr psychische Ressourcen und damit ein Plus an Resilienz verfügen. Auch soziale Ressourcen bzw. deren Mangel erweisen sich als wichtig: Einsame Menschen entwickeln im Zeitverlauf oftmals eine schlechtere subjektive Gesundheit.

1.2 Gesund sein – gesund fühlen: die 30-Prozent-Regel

Wie kann man es schaffen, eine gute subjektive Gesundheit aufrechtzuerhalten?

Die meisten von uns möchten gerne lange leben, und zwar mit einer möglichst hohen Lebensqualität. Die subjektive Gesundheit scheint hierfür ein zentraler Schlüssel zu sein. Doch wie schaffen es Menschen, sich angesichts gesundheitlicher Einbußen trotzdem gesund zu fühlen?

Beurteilt eine Person ihre Gesundheit als schlecht, macht es wenig Sinn, sie einfach vom Gegenteil überzeugen zu wollen. Gerade weil die subjektive Gesundheit ein inklusives Maß der Gesundheit ist, kann eine schlechte subjektive Gesundheit ein wichtiges Signal sein. Diesem Krankheitsgefühl gilt es erst einmal nachzugehen.

Sinnvoll ist dies häufig im Rahmen eines ärztlichen Gespräches, um veränderbare organische Ursachen auszuschließen, denn die körperliche Gesundheit spielt in jüngeren wie späteren Lebensjahren eine wichtige Rolle für die subjektive Gesundheit. Gibt es keine medizinischen Erklärungen dafür, dass eine Person subjektiv ihre Gesundheit nur mittelmäßig oder schlecht einschätzt, dann lohnt es sich, auf Menschen wie Frau Z. zu schauen. Wie schafft sie es, eine gute subjektive Gesundheit zu erleben, während ihre Ärztin ihr eine schlechte Gesundheit attestiert? Da die Fähigkeit, sich gesund zu fühlen, wesentlich zu Lebensqualität und Langlebigkeit beiträgt, wollten zahlreiche Studien wissen: Was tun Menschen, um eine gute subjektive Gesundheit aufrechtzuerhalten? Es stellte sich heraus, dass Menschen drei Strategien anwenden, um sich auch mit Erkrankungen gesund zu fühlen (Schwartz, 2000). Dazu gibt es drei Regeln:

1. Sozial vergleichen, statt mit der eigenen, früheren Gesundheit: Für eine gute subjektive Gesundheit ist es hilfreich, nicht ständig daran zu denken, wie gesund man früher war – z.B. in der Zeit, als man jünger war oder bevor man eine schwere Krankheit oder einen Unfall hatte. Vielmehr hat sich erwiesen, dass es hilft, sich mit Menschen in einer ähnlichen Situation zu vergleichen, denen es schlechter geht als einem selbst. Frau Z. vergleicht sich zum Bei-

spiel mit einer Dame aus der Nachbarschaft, die auch einen Herzinfarkt hatte und seitdem unter schweren Depressionen leidet. Im Vergleich zu ihr fühlt sie sich gesund, da sie ihren Alltagsaktivitäten und etlichen ihrer Interessen weiterhin nachgehen kann.
2. Umgewichten, was wirklich persönlich bedeutsam ist: Zudem spielen für sie einige Dinge, die ihr früher wichtig waren, um sich gesund zu fühlen, heute keine so große Rolle mehr, während andere stärker in den Vordergrund rücken. Während Frau Z. vor ihrem Herzinfarkt sehr störte, dass sie Typ-2-Diabetes hat und regelmäßig unter Rückenschmerzen leidet, ist dies für sie nach dem Herzinfarkt gedanklich in den Hintergrund getreten. Wichtiger geworden ist ihr stattdessen, dass sie weiter regelmäßig spazieren gehen und Zeit mit ihren Enkeln verbringen kann.
3. Umdenken und manches einfach ausklammern: Manchmal kann es auch helfen, bestimmte Belastungen vollständig auszuklammern. Auch diese Regel stellte sich in Studien als wirksam heraus, um eine gute subjektive Gesundheit aufrechtzuerhalten. Diese Regel ist sehr ähnlich zu Regel Nr. 2, nur in ausgeprägter Form. Dies wäre dann der Fall, wenn Frau Z. gar nicht mehr ihre Diabeteserkrankung und ihre Rückenschmerzen in ihre subjektive Gesundheitsbewertung einbezieht, sondern beispielsweise stattdessen genießt, dass sie ihrer großen Leselust weiterhin nachkommen kann.

Diese drei Regeln helfen Menschen also, eine gute subjektive Gesundheit aufrechtzuerhalten, obwohl sich ihre objektive Gesundheit verschlechtert. Dabei nehmen sie durchaus wahr, dass sich ihre Gesundheit verschlechtert hat, auch das zeigen Studien. Menschen verändern jedoch ihre Bewertungsmaßstäbe, was für sie persönlich eine gute subjektive Gesundheit ausmacht. Man könnte auch sagen: Ihre Ansprüche an das, was eine gute Gesundheit ausmacht, verändern sich.

Ähnliches gilt auch für Schmerzen – und hier wird es beispielsweise für Ärzte und Physiotherapeuten nochmals interessant. Oftmals werden Patienten danach gefragt, wie sie ihre Schmerzen auf einer Skala von 0 (keine Schmerzen) bis 10 (höchster vorstellbarer Schmerz) einschätzen. Einige Wochen und Behandlungstermine später werden sie erneut danach gefragt. Hier kann es sein, dass eine Person mehrmals die gleiche Zahl auf der Schmerzskala angibt, obwohl ihre Schmerzen weniger wurden, was nahelegen könnte, dass sich nichts verändert hat. Dies kann jedoch ein Fehlschluss sein, da sich lediglich der Anspruch an die eigene Gesundheit im Laufe der Zeit erhöht haben kann. Fragt man die Person direkt danach, ob ihre Schmerzen besser geworden sind, bejaht sie dies. Es lohnt sich deshalb, in der Praxis nach beidem zu fragen: Nach einer Einstufung der Schmerzen auf einer Schmerzskala, sowie danach, ob sich die Schmerzintensität verändert hat. In der Fachliteratur ist die hier beschriebene Anpassung der eigenen Ansprüche an die aktuelle Gesundheit unter der Bezeichnung Response shift bekannt.

Die Fähigkeit zu Response shift zeigt sich auch im zu Beginn des Kapitels angeführten Zitat von Ingmar Bergman. Die nachlassenden Kräfte werden als weniger wichtig bewertet als der Gewinn an Weitsicht. Es erfolgt also auch hier eine Umgewichtung dessen, was wirklich bedeutsam ist.

1.3 Sind ältere Menschen heutzutage gesünder als früher?

»Das größte aller Übel ist, aus der Zahl der Lebenden zu scheiden, ehe man stirbt.« Lucius Annaeus Seneca (ca. 4 v.Chr./1 n.Chr.–65 n.Chr.)[7]

---

7 Quelle: Seneca (1978) Vom glückseligen Leben, 14. Aufl. Stuttgart: Kröner, S. 66, Von der Gemütsruhe 3; bezüglich des Geburtsjahres lassen sich unterschiedliche Angaben finden.

1 Was passiert, wenn wir älter werden: Prozesse und gesundheitliche Folgen

Innerhalb von rund 140 Jahren hat sich in Deutschland die Lebenserwartung praktisch verdoppelt. Das ist ein enormer Gewinn an Lebenszeit. In der Forschung wird in diesem Zusammenhang von einer »Rektangularisierung« (aus dem Englischen: rectangular = rechteckig) der Lebenserwartung gesprochen. Gemeint ist damit, dass die Überlebenskurve zunehmend mehr einem Rechteck ähnelt (▶ Abb. 1.2). Dies entsteht dadurch, dass nur wenige Menschen in jüngeren Lebensjahren sterben, während die große Mehrheit der Menschen ein hohes Alter erreicht und erst dann stirbt.

Während manche Zweige der Wissenschaft vor allem daran interessiert sind zu erforschen, wie sich die maximale Lebensspanne weiter verlängern lässt, konzentrieren sich andere stärker auf die Lebensspanne in guter Gesundheit, die sogenannte Gesundheitsspanne (Olshansky, 2018). Viele Menschen wünschen sich, dass ihre Gesundheitsspanne nahezu deckungsgleich mit ihrer Lebenserwartung ist. Konkret bedeutet das ein langes Leben in guter Gesundheit, gefolgt von einer möglichst kurzen Zeit in Krankheit und einem schnellen Lebensende (▶ Abb. 1.2). Die Weltgesundheitsorganisation hat schon in den 1990er Jahren darauf hingewiesen, dass die Lebenserwartung in guter Gesundheit wichtiger ist als die absolute Lebenserwartung. Weit früher hat dies bereits Seneca als größtes Übel skizziert: krankheitsbedingt sein Leben zu verlieren, bevor man stirbt.

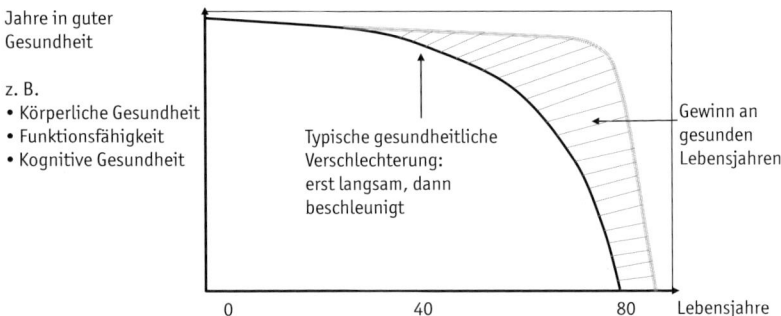

Abb. 1.2: Schematische Darstellung der gesunden Lebenserwartung

1.3 Sind ältere Menschen heutzutage gesünder als früher?

Was hat uns nun der deutliche Zugewinn an Lebenserwartung tatsächlich gebracht: Haben wir durch das längere Leben vor allem mehr Jahre in Krankheit hinzugewonnen? Oder mehr Jahre in guter Gesundheit? Denn dem Leben zusätzliche Jahre zu geben ist das eine, diesen zusätzlichen Jahren auch ein Leben in guter Gesundheit und Lebensqualität zu geben, das andere. Deshalb wird diese Frage bereits seit den 1980er Jahren kontrovers diskutiert.

Die *Medikalisierungs- oder Expansionsthese* (Gruenberg, 1977) nimmt dabei an, dass der Zugewinn an Lebenszeit vor allem eine Verlängerung der Lebensphase in schlechter Gesundheit bedeutet. Sie argumentiert damit, dass die Lebenserwartung vor allem dadurch steigt, dass durch eine bessere medizinische Versorgung mehr Menschen schwere Krankheiten oder Unfälle überleben. Dadurch nimmt der Anteil von Menschen mit chronischen Krankheiten, körperlichen Einschränkungen und solchen mit Hilfe- oder Pflegebedürftigkeit zu (▶ Abb. 1.3).

Im Kontrast zu dieser These steht die Hoffnung, dass durch bessere Ressourcen (z.B. höhere Bildung, Einkommen), einen gesünderen Lebensstil, eine Früherkennung von Erkrankungen sowie verbesserte medizinische Versorgung gesundheitliche Einschränkungen in ein späteres Lebensalter hinausgeschoben werden können. In diesem Fall würde die steigende Lebenserwartung vor allem einen Gewinn an Lebensjahren in Gesundheit bedeuten (*Kompressionsthese*; Fries, 1980). Eine dritte These verbindet Argumente der anderen beiden Ansätze. Denn es ist auch denkbar, dass chronische Krankheiten zwar zunehmen. Aber es könnte zugleich sein, dass sie zumindest weniger schwerwiegend sind oder seltener zu körperlichen Beeinträchtigungen führen. Diese These des *dynamischen Äquilibriums* (= Gleichgewicht; Manton, 1982) wäre also optimistischer als die Medikalisierungsthese, jedoch nicht ganz so optimistisch wie die Kompressionsthese. Was stimmt nun also? Oder, um es wissenschaftlicher zu formulieren: Für welche der Thesen sprechen die derzeitigen empirischen Belege?

1 Was passiert, wenn wir älter werden: Prozesse und gesundheitliche Folgen

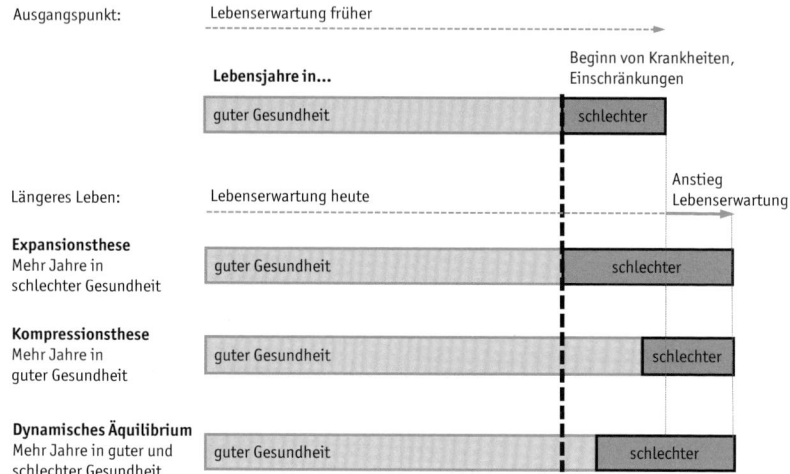

Abb. 1.3: Geht die gestiegene Lebenserwartung mit einem Gewinn an Jahren in guter Gesundheit einher? Veranschaulichung alternativer Grundthesen

Mehr Jahre in guter Gesundheit?

Die Frage, ob ein Gewinn an Lebenserwartung vor allem mehr Jahre in guter oder in schlechter Gesundheit bedeutet, wird seit vielen Jahren untersucht. Eine eindeutige Antwort darauf zu geben, fällt dennoch schwer. Ein wesentlicher Grund dafür ist, dass es nicht die »eine« Gesundheit gibt, sondern Gesundheit verschiedene Dimensionen umfasst. Während eine Studie die Entwicklung von Diabeteserkrankungen betrachtet, untersucht eine andere die Entwicklung von Demenz. Wieder andere Studien untersuchen Mobilitätseinschränkungen im Alltag, Pflegebedürftigkeit oder subjektive Gesundheit. Um diese verschiedenen Gesundheitsdimensionen abzubilden, werden unterschiedliche Datengrundlagen herangezogen, auch dies erschwert die Vergleichbarkeit. Manche Studien beruhen auf repräsentativen, bevölkerungsbasierten Befragungen, andere auf Krankenkassendaten – beide Datengrundlagen haben ihre eigenen

Stärken und Schwächen. Schließlich kommt es noch darauf an, wann eine Studie durchgeführt wurde und aus welchem Land sie kommt. Beziehen sich die Daten auf die letzten zehn bis 20 Jahre oder werden kürzere (oder längere) zeitliche Entwicklungen untersucht? Ist das Land mit Deutschland vergleichbar? Und was ist während dieser Zeit in einer Gesellschaft passiert? Diese hohe Komplexität trägt dazu bei, dass es nicht die eine, pauschale Antwort gibt.

Die Autoren Geyer und Eberhard (2021) haben anhand von überwiegend deutschen Studien einen aktuellen Wissensstand zusammengetragen, welche der drei Thesen sich empirisch belegen lässt. Sie haben dabei eine Reihe von Erkrankungen betrachtet, deren Auftreten durch Verhalten bzw. Prävention veränderbar ist. Dazu zählen chronische Erkrankungen wie Herzinfarkt und Schlaganfall, Lungenkrebs und Demenz. Eine Reihe von Studien zu diesen Krankheiten zeigt, dass die Erkrankungsraten im Zuge einer Verbesserung der Lebensbedingungen abgenommen haben und diese Krankheiten in einem späteren Alter auftreten als früher. Dies spricht für die optimistische These der Morbiditätskompression, also einer Konzentration der Krankheiten auf eine kürzere und spätere Zeit im Leben. Deshalb ist es erfreulich, dass eine Reihe von Studien in Deutschland und anderen Ländern mit einem hohen finanziellen Durchschnittseinkommen übereinstimmend in diese positive Richtung weisen (Roehr et al., 2018). Gerade die Befunde zur Entwicklung von Demenz sind bemerkenswert, da viele Menschen fürchten, dement zu werden. Auch innerhalb Deutschlands ist die Zahl von Neuerkrankungen an Demenz in jenen Regionen geringer, die ein höheres Durchschnittseinkommen haben (Kreft & Doblhammer, 2022). Das ist in einem wesentlichen Umfang auf eine höhere Bildung und geringere Arbeitslosigkeit sowie damit zusammenhängend einen insgesamt gesünderen Lebensstil zurückzuführen.

Ein weiteres wichtiges Maß für Erkrankungen ist schließlich, wie sich die Zahl von Menschen mit Mehrfacherkrankungen (Multimorbidität) entwickelt. Auch wenn die Weltgesundheitsorganisation bereits ab zwei gleichzeitig bestehenden Erkrankungen von Multimorbidität spricht, setzen Studien oftmals andere Kriterien dafür an.

Gerade im Alter hat die große Mehrheit von Menschen mindestens zwei Erkrankungen. Möchte man die Thesen der Morbiditätskompression oder -expansion untersuchen, werden in der Regel andere Kriterien für Multimorbidität nötig, um Veränderungen abbilden zu können. Eine deutsche Studie (Tetzlaff et al., 2017) definierte deshalb für ihre Analysen Multimorbidität anhand von mindestens sechs gleichzeitig bestehenden Diagnosen und fünf Medikamenten, die eine Person einnimmt. Für einen Zehn-Jahres-Zeitraum (2005–2014) konnte diese Studie eine Zunahme von Multimorbidität feststellen, was für die These der Morbiditätsexpansion spricht. Zu ähnlichen Ergebnissen kommen auch Studien aus anderen, mit Deutschland vergleichbaren Ländern. Während der Rückgang einzelner Erkrankungen also eine optimistische Perspektive eröffnet, müssen die Befunde zur Gesamtkrankheitslast differenzierter betrachtet werden.

Vergleicht man diese Ergebnisse mit Befunden zur Funktionstüchtigkeit, sprechen sie eher für die These eines dynamischen Gleichgewichtes. Denn der Anteil von Menschen mit Behinderungen oder Pflegebedürftigkeit hat sich verringert und die Zeit, die Menschen damit leben, hat sich verkürzt. Damit haben zwar mehr Menschen als früher mehrere Erkrankungen gleichzeitig (oder ihre Erkrankungen werden heute häufiger entdeckt), dies geht jedoch nicht mit einem Anstieg an Funktionseinschränkungen oder Pflegebedarf einher. Mehrfacherkrankungen und ein selbständiges Leben im Alter schließen einander nicht aus. Der Rückgang an Pflegebedarf zeigt, wie Erfolg versprechend Prävention und Rehabilitation sein können. Der regelmäßig in den Medien zu lesende Anstieg an Pflegebedarf steht dazu nicht im Widerspruch. Immer mehr Menschen erreichen ein hohes Alter und die geburtenstarken Jahrgänge der sogenannten Babyboomer-Generation rücken in absehbarer Zukunft ebenfalls in dieses Alter vor. Dadurch steigt der Pflegebedarf insgesamt, einfach weil es mehr Menschen in diesem Alter gibt. Die Wahrscheinlichkeit jedoch, pflegebedürftig zu werden, sinkt für jede einzelne Person und ist erst in einem höheren Alter zu erwarten.

In welcher Weise spiegeln sich diese Entwicklungen auch in der Laienperspektive der subjektiven Gesundheit wider, fühlen sich also

1.3 Sind ältere Menschen heutzutage gesünder als früher?

mehr Menschen gesund? Die vorliegenden Daten können dies bisher nicht eindeutig bestätigen. Zwei Studien aus Deutschland weisen zwar auf positive Effekte für Menschen zwischen 65 und 74 Jahren hin, dieser Trend zu einer positiveren subjektiven Gesundheit zeigt sich jedoch in einer der Studien nicht für Menschen ab 75 Jahren, in der anderen nicht für Menschen im mittleren Erwachsenenalter (Trachte et al., 2015; Wolff et al., 2017).

In Bezug auf die kognitive Leistungsfähigkeit gibt es Hinweise darauf, dass sich die kognitive Reserve verbessert hat (Geyer & Eberhard, 2021). Diese Reserve beschreibt die Differenz zwischen altersassoziierten Abbauprozessen und verbleibender kognitiver Leistungsfähigkeit. Dadurch, dass nachfolgende Generationen mit einer besseren Bildung ins Alter kommen, beeinträchtigen Abbauprozesse im Gehirn später im Leben die kognitive Leistungsfähigkeit als dies aus älteren Studien bekannt ist (Rodriguez et al., 2018).

2 Über die Vielfalt des Alterns

Eine zentrale Erkenntnis der Alternsforschung ist, dass es nicht »den« alten Menschen gibt. Vielmehr gibt es keine andere Lebensphase, in der sich Menschen gleichen Alters so stark voneinander unterscheiden wie im Alter. Einer der bedeutendsten Wegbereiter der Alternsforschung in Deutschland, Paul B. Baltes (1939–2006), beschrieb im eigenen Alter von rund 60 Jahren diese Vielfalt gerne anhand von Ehemaligen-Treffen mit früheren Mitschülern. Dort würde man Menschen begegnen, die ebenso gut die eigenen Kinder sein könnten als auch solchen, die im Alter der eigenen Eltern sein könnten – so unterschiedlich seien ältere Menschen gleichen Alters.

Ein wesentlicher Grund für diese große Vielfalt liegt im langen Leben und den bisweilen extrem unterschiedlichen Biografien. Vergleicht man zwei neunjährige Kinder miteinander, hatten diese noch vergleichsweise wenig Zeit, unterschiedliche Erfahrungen zu machen und Entwicklungen zu nehmen. Zwei 90-jährige Menschen blicken hingegen auf vielfältige Phasen und unterschiedliche Bedingungen ihres Lebens zurück, die sie prägten.

Wie hoch die Chance ist, dieses hohe Alter überhaupt zu erreichen, hängt vor allem von zwei Faktoren ab: dem Geschlecht einer Person und ihrem sozioökonomischen Status. Zur Vielfalt im Alter tragen noch weit mehr Dinge bei. Zu diesen zählen zum Beispiel der familiäre Hintergrund sowie der zeitgeschichtliche kulturelle Kontext. Diese Faktoren entscheiden wesentlich mit darüber, welche Sicht wir auf das Älterwerden haben und inwieweit wir das Altern als gestaltbar erleben.

Diese Aspekte der Vielfalt des Alterns betrachten die kommenden Kapitel, denen ein zweiter kurzer Selbsttest einführend vorangestellt ist. Die Auflösung dazu findet sich auf Seite 61.

> Kasten 2.1: Stimmt es oder stimmt es nicht? – Mythen und
> Wahrheiten über das Älterwerden (2)
>
> 1. Mehr als jede dritte Person ab 65 Jahren ist von Einsamkeit betroffen.
>   ☐ ja   ☐ nein
> 2. Über die Hälfte der älteren Menschen ab 65 Jahren lebt allein.
>   ☐ ja   ☐ nein
> 3. Der Anteil der älteren Menschen ab 65 Jahren, die armutsgefährdet sind, ist höher als bei jungen Erwachsenen (18 bis 25 Jahre).
>   ☐ ja   ☐ nein
> 4. Eine Minderheit der älteren Menschen ab 80 Jahren nutzt das Internet.
>   ☐ ja   ☐ nein

2.1 Gesundheitliche Unterschiede – und Ungleichheiten

»Die Angst vor dem Altwerden entsteht aus der Erkenntnis, dass man jetzt nicht das Leben lebt, das man sich wünscht. Sie ist gleichbedeutend mit dem Gefühl, die Gegenwart zu missbrauchen.« Susan Sontag (1933-2004)[8]

Weltweit gibt es in reichen wie armen Ländern grundlegende Unterschiede zwischen Menschen, die sich an bestimmten Merkmalen festmachen lassen. Manche dieser Merkmale sind primär biologi-

---

8 Quelle: Sontag, S., Rieff, D. (Ed.) (2008). Reborn: Journals and Notebooks, 1947–1963. Macmillan USA; Übersetzung des Zitats aus dem Englischen durch die Autorin.

scher Natur, zum Beispiel die Blutgruppe oder genetische Prädispositionen. Andere sind erworben und damit eher gesellschaftlicher Natur wie die Bildung und das Sozialprestige einer Person. Weitere Merkmale schließlich wie das Geschlecht bilden eine Mischung aus biologischen und gesellschaftlichen Faktoren. Gesundheitliche Unterschiede kommen also nicht allein aufgrund von Krankheitserregern oder gesundheitsrelevanten Verhaltensweisen zustande. Vielmehr spielen auch die individuelle Ausstattung einer Person und die gesellschaftlichen Bedingungen eine bedeutsame Rolle. Sind in einer Gesellschaft bestimmte Bevölkerungsteile besser oder schlechter gestellt als andere, weil sie systematisch unterschiedliche Chancen haben, wird von sozialer Ungleichheit gesprochen. In gesundheitlicher Ungleichheit spiegelt sich oftmals die soziale Ungleichheit wider.

Wie im Folgenden zu zeigen sein wird, ist das Geschlecht dabei eine der zentralen, bestimmenden Faktoren gesundheitlicher Ungleichheit. Im Gegensatz zum deutschen Begriff Geschlecht werden im Englischen die verschiedenen Ursachen für Geschlechterunterschiede sprachlich klar getrennt. Unter dem Begriff *sex* werden biologische Faktoren, zum Beispiel genetisch und immunologisch bedingte Geschlechtsunterschiede, beschrieben. Der Begriff *gender* hingegen verweist auf stärker gesellschaftlich bedingte Geschlechtsunterschiede. Da es im Deutschen keine unterschiedlichen Begriffe dafür gibt, wird stattdessen oft vom biologischen und sozialen Geschlecht gesprochen.

Neben dem Geschlecht spielen die in einer Gesellschaft erworbenen Ressourcen eine zentrale Rolle für gesundheitliche Ungleichheit. Dazu zählen insbesondere Bildung, Beruf und Einkommen, die oftmals zum Sozialstatus einer Person zusammengefasst werden. Worin sich nun konkret gesundheitliche Unterschiede zwischen den Geschlechtern sowie zwischen Menschen mit unterschiedlichem Sozialstatus zeigen und inwiefern sie sich auf das Älterwerden auswirken, wird im Folgenden näher betrachtet.

2.1 Gesundheitliche Unterschiede – und Ungleichheiten

Altern Frauen und Männer unterschiedlich?

Werfen wir zunächst einen Blick in die Vergangenheit, rund 100 Jahre zurück in das Jahr 1920. Denn die tatsächlichen Überlebensraten lassen sich am deutlichsten anhand von Jahrgängen veranschaulichen, in denen (nahezu) alle Menschen bereits verstorben sind. Ein damals neugeborener Junge hatte eine durchschnittliche Lebenserwartung von knapp 58 Jahren, ein neugeborenes Mädchen konnte erwarten, im Durchschnitt rund 7 Jahre länger zu leben. Doch zunächst galt es, das erste Lebensjahr zu überstehen. Jedes siebte bis achte Kind verstarb damals innerhalb der ersten zwölf Lebensmonate, meist an einer akuten Infektion. Anhand von ▶ Abb. 2.1. wird deutlich, dass zu allen hier dargestellten Altersetappen weniger Männer als Frauen (über-)lebten. Das gilt nicht allein bei den hier dargestellten 18- und 35-Jährigen, bei denen insbesondere bei Männern der Zweite Weltkrieg zur geringeren Lebenserwartung beigetragen hat. Deutlich wird dies auch in den späteren Lebensjahren dieses Geburtsjahrgangs. Ein Alter von 95 Jahren erreichten immerhin noch rund sechs Prozent der Frauen, aber nur zwei Prozent der Männer.

Für die heute geborenen Mädchen und Jungen werden die Zahlen anders aussehen. Wie diese genau aussehen werden, wird aber wieder erst nach 100 oder vielleicht 110 Jahren bekannt sein, wenn die große Mehrheit der heute geborenen Generation verstorben ist. Der im Jahr 2020 und damit 100 Jahre später geborene Jahrgang hatte bei Geburt zumindest einen deutlich besseren Start ins Leben. Bei 1.000 Neugeborenen wurde nur für zwei bis drei erwartet, dass sie innerhalb des ersten Jahres versterben – im Jahr 1920 waren dies 60mal (!) so viele Kinder. Die statistisch prognostizierte durchschnittliche Lebenserwartung lag im Jahr 2020 für neugeborene Jungen bei rund 83 Jahren, für Mädchen bei 87 Jahren. Damit hat sich die Differenz in der Lebenserwartung von Frauen und Männern während des letzten Jahrhunderts von sieben auf vier Jahre verringert. Aber warum machen sich hier Geschlechtsunterschiede überhaupt bemerkbar? Haben Männer eine schlechtere Gesundheit als Frauen und sterben

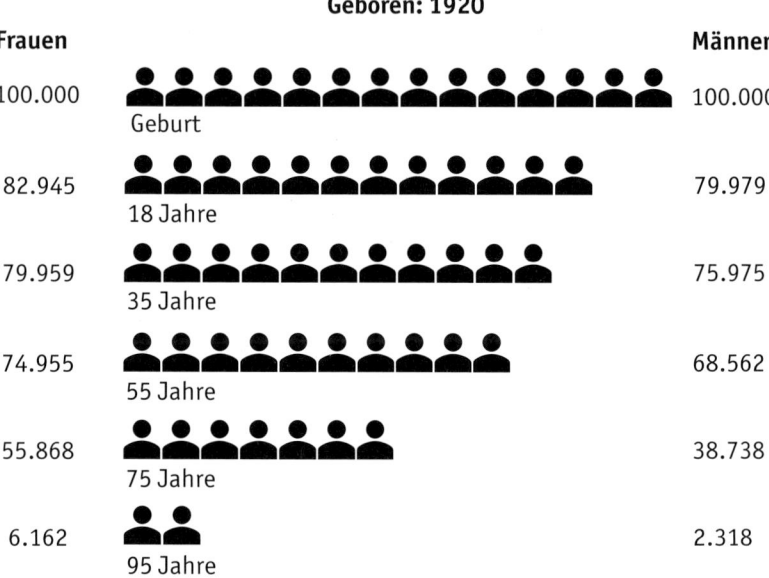

Abb. 2.1: Überlebensraten von Männern und Frauen des Geburtsjahrgangs 1920 (Kohortensterbetafeln; Statistisches Bundesamt, 2020; eigene Darstellung)

deshalb früher? Oder stimmt eher die Regel »Männer leben kürzer, aber gesünder – Frauen leben länger, aber kränker«?

Weltweit ist die Lebenserwartung von Männern geringer als die von Frauen (Barford et al., 2006; Leon, 2011). Angeborene, biologisch-konstitutionelle Faktoren führen zu einem Unterschied von etwa ein bis zwei Jahren. Die Tatsache, dass Frauen zwei X-Chromosomen haben, stellt teilweise eine vorteilhafte Redundanz dar. Dadurch können bestimmte Mutationen, also spontan auftretende, dauerhafte Veränderungen des Erbguts, bei Frauen kompensiert werden, nicht aber bei Männern. Es gibt Hinweise darauf, dass weibliche Hormone vor bestimmten Krankheiten wie Herz-Kreislauf-Erkrankungen besser schützen. Zudem scheinen Frauen ein stärkeres Immunsystem zu

2.1 Gesundheitliche Unterschiede – und Ungleichheiten

haben und schließlich oxidativen Stress – also einen zu hohen Anteil freier Radikale im Körper – besser reduzieren zu können als Männer. Weitere Jahre kommen durch Umwelt und Lebensstil zustande, also durch soziale, ökonomische und kulturelle Faktoren, die sich in unterschiedlichen Verhaltensweisen und Lebensumständen von Frauen und Männern widerspiegeln. Dazu zählen neben Arbeitsbedingungen auch das Rauchverhalten, Alkoholkonsum und Ernährung. Die Sterblichkeitsunterschiede bei jungen Erwachsenen sind vor allem durch die höhere Unfall- und Suizidsterblichkeit der jungen Männer bedingt. Vermutlich mit kulturellen Faktoren ist zu erklären, dass bei Männern der Einfluss von sozioökonomischen Faktoren wie Arbeitslosigkeit auf die Sterblichkeit größer ist als bei Frauen.

Insbesondere zwei Faktoren sind wahrscheinlich dafür verantwortlich, dass sich der Unterschied in der Lebenserwartung von Frauen und Männern in den letzten Jahren verringert hat. Um nochmals auf den dargestellten Jahrgang 1920 zurückzukommen (▶ Abb. 2.1): Männer der Kriegsgeneration hatten eine kürzere Lebenserwartung, und zwar nicht allein dadurch, dass eine große Zahl von ihnen den Krieg nicht überlebte, sondern auch, weil viele von ihnen dauerhafte Verletzungen an Körper und Seele erlitten. Auch dies trug zu einer kürzeren Lebenserwartung bei und wird daran deutlich, dass sich beispielsweise auch im Jahr 1975, als dieser Jahrgang 55 Jahre alt wurde, erhebliche Geschlechtsunterschiede zeigen. Während in den Nachkriegsjahrgängen die Lebenserwartung von Männern deutlich gestiegen ist, gilt dies weniger deutlich für Frauen. Für letztere Entwicklung ist vor allem verantwortlich, dass Frauen hinsichtlich gesundheitsschädigender Verhaltensweisen »aufgeholt« haben. Deutlich wird dies beispielsweise daran, dass in den letzten Jahrzehnten der Anteil von Raucherinnen zugenommen hat. In früheren Zeiten rauchten hingegen vor allem Männer, bei ihnen ging der Anteil von Rauchern jedoch zurück. Durch diese Veränderungen nahm bei Frauen die Rate an Lungenkrebserkrankungen (und Todesfällen) kontinuierlich zu, bei Männern hingegen ab (Robert Koch-Institut und die Gesellschaft der epidemiologischen Krebsregister in Deutschland e. V., 2019). Ähnliche Entwicklungen werden auch für

Tumore der Bronchien und der Luftröhre beobachtet (Steppuhn et al., 2017). Lungenkrebs ist bei Frauen nach Brust- und Darmkrebs inzwischen die dritthäufigste Krebserkrankung. Bei den heutigen jungen Erwachsenen rauchen immer noch etwas mehr Männer als Frauen, der Geschlechtsunterschied ist jedoch deutlich geringer als früher. Das Rauchverhalten ist über die letzten Jahrzehnte deutlich zurückgegangen, wenngleich sich derzeit ein Wiederanstieg bei Jugendlichen zeigt.

Für eine Reihe von Erkrankungen finden sich Geschlechtsunterschiede. Allerdings zeigt sich im internationalen Vergleich, dass etliche Krankheiten je nach Land mal bei Frauen, mal bei Männern häufiger zu finden sind (Crimmins et al., 2019). Dies spricht dafür, dass eher kulturelle als biologische Faktoren eine Rolle spielen, ob mehr Männer oder Frauen eine bestimmte Erkrankung haben. In Deutschland haben Männer zwischen 45 und 79 Jahren häufiger eine koronare Herzkrankheit als Frauen, ab dem Alter von 80 Jahren zeigen sich keine statistisch bedeutsamen Geschlechtsunterschiede mehr. Bei Männern im Alter zwischen 45 und 64 Jahren ist Typ-2-Diabetes verbreiteter als bei gleichaltrigen Frauen (Heidemann et al., 2021). Zudem sind sechs von 10 Menschen, die an einem Herzinfarkt versterben, Männer.

Frauen hingegen haben häufiger einen Verschleiß von Gelenken (Arthrose). Typische Anzeichen einer Arthrose sind schmerzhafte und steife Gelenke. Arthrose betrifft fast die Hälfte aller Frauen ab 80 Jahren, aber nur ein Drittel der gleichaltrigen Männer. Außerdem haben Frauen häufiger Mehrfacherkrankungen, da sie aufgrund der längeren Lebenszeit eine höhere Wahrscheinlichkeit haben, dass (weitere) Erkrankungen entstehen. Zudem haben sie häufiger Krankheiten, die nicht tödlich enden. Das längere Leben wird auch als eine Erklärung herangezogen, warum mehr ältere Frauen als Männer eine Demenz haben: Etwa zwei von drei Menschen mit Demenz im höheren Lebensalter sind weiblich.

Insgesamt verweisen diese Daten darauf, dass an allen zu Beginn formulierten Thesen etwas dran ist: Männer bekommen bestimmte Krankheiten zeitlich früher im Leben als Frauen und versterben häufiger daran, sie sind also zunächst »kränker«. Diejenigen Männer jedoch, die ein höheres Lebensalter erreichen, haben eine bessere Gesundheit und schneiden im Vergleich zu gleichaltrigen Frauen dementsprechend besser ab. Frauen leben also länger, haben im Alter aber auch mehr Erkrankungen. Je stärker sich jedoch die Lebenserwartung von Frauen und Männern angleicht, umso geringer dürften diese gesundheitlichen Unterschiede werden. Betrachtet man dazu ergänzend die subjektive Gesundheit und damit ein zentrales Maß gesundheitsbezogener Lebensqualität, ist erkennbar, dass sich in keiner Altersgruppe außer bei jenen ab 80 Jahren Unterschiede zwischen Frauen und Männern zeigen. Erst in dieser höchsten Altersgruppe berichten aktuellen Daten zufolge mehr als die Hälfte der älteren Männer über eine gute oder sehr gute Gesundheit, bei den Frauen sind es 10 Prozentpunkte weniger (▶ Abb. 2.2; Heidemann et al., 2021). Dieser Unterschied in der subjektiven Gesundheitswahrnehmung passt also gut zur Feststellung, dass in der ältesten Altersgruppe Männer eine bessere Gesundheit haben als gleichaltrige Frauen.

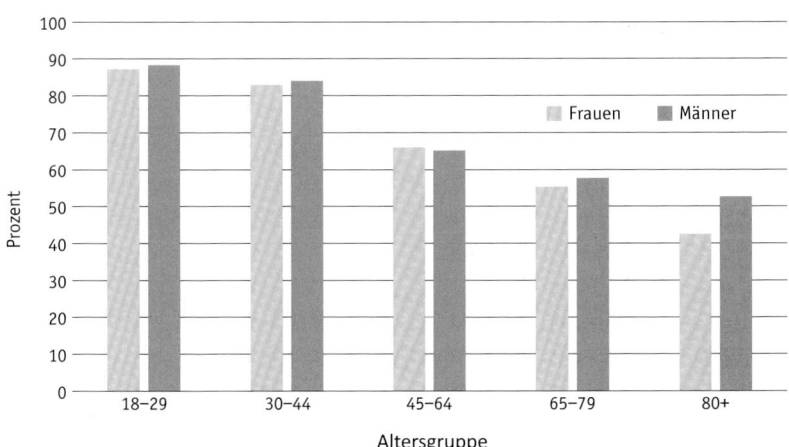

Abb. 2.2: Bewertung der eigenen Gesundheit als gut oder sehr gut. Vergleich verschiedener Altersgruppen im Erwachsenenalter (Quelle: Heidemann et al., 2021; eigene Darstellung)

Die hier berichteten Zahlen orientieren sich an der zweigeschlechtlichen Norm. Nicht für alle Menschen ist eine solch klare Zuordnung zu einem der beiden Geschlechter möglich. Gesundheitsbezogene Daten von beispielsweise inter- und transgeschlechtlichen Menschen fehlen allerdings bisher in Deutschland.

Die Rolle sozialer Ungleichheit für die Gesundheit im Alter

Neben der gesellschaftlich geprägten Rolle von Geschlecht machen auch Bildung, Beruf und Einkommen den sozialen Status einer Person aus. Besonders eindrücklich zeigt sich das an den Differenzen in der Lebenserwartung unterschiedlicher Einkommensgruppen. Um Unterschiede in der Lebenserwartung betrachten zu können, wurden in einer Studie fünf verschiedene Einkommensgruppen unterschieden. Die unterste Einkommensgruppe bilden Menschen mit einem Haushaltseinkommen von weniger als 60 Prozent des Durchschnitteinkommens in Deutschland. Sie gelten als von Armut bzw. Armutsrisiko betroffen. Im konkreten Beispiel betraf dies alle Menschen mit einem Einkommen unter 897 Euro (Lampert et al., 2019). Vergleicht man diese mit Menschen der höchsten Einkommensgruppe, zeigt sich für Frauen eine Differenz in der Lebenserwartung von 4,4 Jahren. Für Männer ist die Differenz sogar fast doppelt so groß und beträgt 8,6 Jahre.

Doch nicht allein das Einkommen, sondern auch Bildung und berufliche Stellung spielen eine wichtige Rolle dafür, wie gesund und wie lange Menschen leben. Das konnte international in zahlreichen Studien gezeigt werden. Dabei zeigt sich ein klares soziales Gefälle. Erleben 100 Menschen mit mittlerer Bildung ein Herz-Kreislauf-Ereignis (z. B. einen Herzinfarkt oder Schlaganfall), gilt dies im Vergleich dazu für 150 Menschen mit geringer Bildung und für nur 77 Menschen mit hoher Bildung. Damit erleben ein solches Krankheitsereignis fast doppelt so viele Menschen mit geringer Bildung im Vergleich zu jenen mit hoher Bildung (de Mestral & Stringhini, 2017). Dieser beachtliche Unterschied ruft dringend nach neuen Ansätzen in

2.1 Gesundheitliche Unterschiede – und Ungleichheiten

der Prävention, um Angebote der Gesundheitsförderung für Menschen mit niedriger Bildung zu verbessern.

Bildungsunterschiede zeigen sich auch in gesundheitsbedingten Einschränkungen bei alltäglichen Aktivitäten, wie aktuelle Befragungsdaten des Robert Koch-Institutes an über 22.000 Personen zeigen (▶ Abb. 2.3). In allen Altersgruppen wird das soziale Gefälle deutlich, am deutlichsten sichtbar ist es in der Gruppe der 45- bis 64-jährigen Männer. Knapp zwei von drei Männern (61,9 %) mit niedriger Bildung berichten über gesundheitliche Einschränkungen. Das sind deutlich mehr als bei den hoch gebildeten Männern (36,3 %), die rund 15 bis 20 Jahre älter sind (65–79 Jahre)! Auch bei den Frauen sind bildungsabhängige Unterschiede hinsichtlich gesundheitlicher Einschränkungen zu erkennen, allerdings sind die Unterschiede weniger stark ausgeprägt als bei Männern.

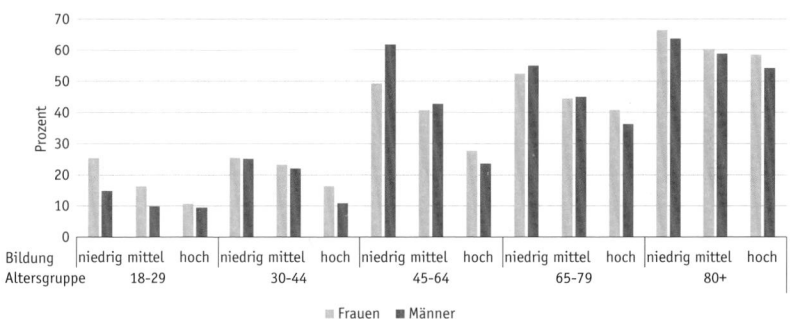

Abb. 2.3: Anteil von Menschen, die seit mindestens sechs Monaten starke oder mäßige gesundheitlichen Einschränkungen bei alltäglichen Aktivitäten berichten (Quelle: Heidemann et al., 2021; eigene Darstellung)

Neben Einkommen und Bildung bildet auch die berufliche Position den Sozialstatus einer Person ab. Einem europäischen, sozioökonomischen Klassifikationssystem (ESEC) zufolge zählen zu höheren beruflichen Positionen beispielsweise Ärzte und hohe Manager, mittlere Positionen umfassen zum Beispiel Angestellte mit beschränkten Entscheidungsbefugnissen, Selbstständige oder Landwirte. Eine niedrige berufliche Position haben demgegenüber beispielsweise

Facharbeiter, angelernte und ungelernte Arbeiter. Dieses Klassifikationssystem lag einer Studie an insgesamt über 1,7 Millionen Menschen zugrunde, die deutliche Unterschiede in der Sterbewahrscheinlichkeit je nach beruflicher Position zeigt. Pro 100 Männern, die verstarben und eine hohe berufliche Stellung hatten, verstarben demgegenüber 142 Männer mit geringer beruflicher Stellung; bei den Frauen lag das Verhältnis bei 100 zu 134. Die Sterblichkeitsunterschiede bei Menschen je nach ihrem Sozialstatus sind also auch hier deutlich erkennbar (Stringhini et al., 2017). Neben der beruflichen Stellung untersuchte diese umfangreiche Studie sechs weitere Risikofaktoren für vorzeitige Sterblichkeit: Tabak- und Alkoholkonsum, geringe körperliche Aktivität, erhöhter Blutdruck, starkes Übergewicht und Diabetes. Dabei wurde deutlich, dass die berufliche Stellung eine ähnlich große Bedeutung für die Sterblichkeit hat wie die genannten sechs Risikofaktoren. Im direkten Vergleich dieser Risikofaktoren spielt Tabakkonsum allerdings mit Abstand die größte Rolle mit einer Verkürzung der Lebenszeit um rund fünf Jahre. Die berufliche Position ist jedoch bedeutsamer für die Lebenserwartung als Bluthochdruck oder starkes Übergewicht (Adipositas) und verkürzt die Lebenszeit um rund 2,6 Jahre für Männer und 1,5 Jahre für Frauen. Die berufliche Position trägt also unabhängig von Risikofaktoren wie Rauchen, Typ-2-Diabetes oder Bewegungsmangel zu einer verkürzten Lebenserwartung bei. Eine Rolle spielen dabei das Ausmaß von Stress am Arbeitsplatz, der oft bei Berufen in geringerer beruflicher Position größer ist, sowie Berufskrankheiten. Zu letzteren zählen beispielsweise im Arbeitskontext durch Asbest oder UV-Strahlung verursachte Krebserkrankungen.

Die Tatsache, dass Menschen mit geringerem Sozialstatus häufiger rauchen, sich weniger bewegen und häufiger Diabetes haben, erklärt also nicht allein, warum sie kürzer leben. Es kommen weitere Faktoren hinzu, die ebenfalls zu einer Lebenszeitverkürzung beitragen. Welche sind dies, neben den bereits genannten verhaltensbezogenen Faktoren Ernährung, Bewegung sowie Tabak- oder Alkoholkonsum?

Der erste Faktor betrifft gesundheitliche Belastungen, denen Menschen mit geringerem Sozialstatus stärker ausgesetzt sind als

2.1 Gesundheitliche Unterschiede – und Ungleichheiten

jene mit höherem Sozialstatus. Dies kann bereits im Mutterleib beginnen und damit ganz am Anfang des Lebens. Entscheidend ist hier, wie sich die werdende Mutter verhält (z. B. ob sie Alkohol trinkt) und wie stark sie durch Stress belastet ist. Dies kann bereits die frühe geistige und körperliche Entwicklung des werdenden Kindes beeinflussen. Das Kind hat also möglicherweise bereits einen schlechteren Start ins Leben. Nach der Geburt spielen die Wohn- und Umweltbedingungen für die Entwicklung ebenso eine Rolle wie Arbeitsbelastungen und Arbeitslosigkeit, finanzielle Sorgen sowie Konflikte in der Familie. Oft entstehen dadurch langanhaltende Stressreaktionen bei Kindern wie den späteren Erwachsenen. Ein zweiter wesentlicher Faktor sind gesundheitliche Ressourcen. Dazu zählen sowohl Ressourcen in der Wohnumgebung (z. B. Größe und Ausstattung einer Wohnung, Freizeitangebote, Grünflächen), finanzielle Mittel wie das Einkommen und Vermögen, soziale Unterstützung und psychische Ressourcen. Und schließlich kommt als dritter Faktor die gesundheitliche Versorgung hinzu. Dazu zählt, ob jemand Angebote der Gesundheitsförderung wahrnimmt, sich eine bestimmte (zahn-)ärztliche Versorgung leisten kann oder wie gut die Arzt-Patienten-Kommunikation klappt. Menschen mit einem geringeren Sozialstatus sind oftmals bei mehreren der genannten Faktoren stärker herausgefordert als solche mit höherem Sozialstatus.

Warum wirkt sich dies nun stärker auf die Lebenserwartung von Männern als von Frauen aus? Dazu tragen einerseits ungesunde Verhaltensweisen wie Rauchen und Alkoholkonsum bei, die bei Männern mit geringerem Sozialstatus stärker verbreitet sind als bei Frauen der gleichen Statusgruppe. Zugleich wird vermutet, dass dies auch mit den spezifischen Todesursachen von Männern und Frauen zusammenhängt. Bei Männern sind Unfälle und Herzinfarkte eine häufigere Todesursache als bei Frauen. Dies sind Faktoren, die deutlich früher zum Tod führen als beispielsweise Krebserkrankungen. Der unterschiedliche Lebensstil von Menschen mit niedrigerem bzw. höherem Sozialstatus könnte sich deshalb bei Männern zusätzlich stärker in der Lebenserwartung widerspiegeln als bei Frauen.

Einsamkeit – ein besonders verbreiteter Risikofaktor im Alter?

Bereits vor dem Ausbruch der Covid-19-Pandemie konnte man in vielen Medien über die Epidemie der Einsamkeit lesen, die sich wie eine Volkskrankheit ausbreite. Eine »unerkannte Krankheit, schmerzhaft, ansteckend und tödlich« – so das Buchcover eines Bestsellers zu diesem Thema. Eine aktuelle Übersichtsarbeit, die über 100 Studien zu diesem Thema zusammengefasst hat, bestätigt die Rolle von Einsamkeit für vielfältige Aspekte von Gesundheit – dazu zählen die körperliche, psychische, kognitive und subjektive Gesundheit (Park et al., 2020). Gerade ältere Menschen seien von Einsamkeit besonders betroffen, war in den Medien regelmäßig zu lesen. Einsamkeit ist ein subjektives Erleben, ein Gefühl, das entsteht, wenn soziale Beziehungen und der persönliche Austausch, den man mit anderen Menschen hat, nicht den eigenen Bedürfnissen nach Nähe entspricht. Man kann also nicht von außen messen, ob jemand einsam ist, sondern Menschen nur direkt danach befragen. Wie viele ältere Menschen sind tatsächlich einsam?

Diese Frage stellte die Autorin des vorliegenden Buches verschiedenen Gruppen von Studierenden anhand eines Quiz, in dem sie verschiedene Antwortkategorien vorgab. Die oberste Antwortkategorie war »mindestens 55 Prozent der älteren Bevölkerung ab 65 Jahren sind einsam«, die unterste Kategorie lag bei »höchstens 15 Prozent«. Die große Mehrheit der Studierenden schätzte, dass mehr als 55 Prozent der älteren Menschen einsam sind. Einige wenige tippten etwas geringere Zahlen, die niedrigste Antwortkategorie wurde jedoch von niemandem getippt.

Genau diese ist aber korrekt. Denn tatsächlich berichten weniger als 15 Prozent der älteren Bevölkerung in Deutschland, einsam zu sein. Zwischen dem 40. und 90. Lebensjahr lässt sich die Verbreitung von Einsamkeit als U-Form beschreiben. Sie ist also im mittleren Erwachsenenalter und im hohen Alter am höchsten, dazwischen geringer. Die höchsten Werte zeigen Frauen im Alter von 90 Jahren: von ihnen sind 14 Prozent einsam. Bei den Männern zeigt sich der höchste Wert hingegen im Alter von 40 Jahren mit 13 Prozent. Im Alter

2.1 Gesundheitliche Unterschiede – und Ungleichheiten

zwischen 50 und 80 Jahren sind weniger als 10 Prozent der Bevölkerung einsam (Huxhold & Engstler, 2019). Die große Mehrheit der älteren Menschen ist also gar nicht einsam! Vielmehr sind es oftmals junge Erwachsene zwischen 18 und 30 Jahren, bei denen Einsamkeit stärker verbreitet ist (Bu et al., 2020). Laut einer Umfrage des Wissenschaftlichen Instituts der Ortskrankenkassen (WIdO) gemeinsam mit der Autorin dieses Buches waren im Jahr 2019 rund 29 Prozent der 18- bis unter 30-Jährigen einsam. Im Rahmen der Covid-19-Pandemie stieg die Einsamkeit in der Bevölkerung allgemein an, aber es zeigte sich kein stärkerer Anstieg der Einsamkeit bei älteren Menschen (Huxhold & Tesch-Römer, 2021). Woher kommt dann also der Eindruck der großen Verbreitung von Einsamkeit im Alter?

Mehrere Gründe könnten dafür verantwortlich sein. Zum einen setzen jüngere Menschen ältere Menschen nicht selten mit Pflegeheimbewohnern gleich. In Pflegeheimen sind Zahlen zum Einsamkeitserleben schwer erfassbar und es gibt deshalb vergleichsweise wenige Daten zur Einsamkeit von Pflegeheimbewohnern. Eine aktuelle deutsche Befragung von rund 1000 Menschen ab 80 Jahren, die in einem Heim leben, macht deutlich, dass mehr als jede dritte Person (35%) einsam ist und damit der Anteil einsamer Menschen in Pflegeheimen merklich höher liegt (Kaspar et al., 2022). Allerdings bilden Pflegeheimbewohner nur eine Minderheit der älteren Bevölkerung. Insgesamt leben bundesweit rund 750.000 ältere Menschen mit Pflegebedarf in Pflegeheimen – eine vergleichsweise geringe Zahl, wenn man dies ins Verhältnis zu den rund 24 Millionen Menschen ab 60 Jahren setzt, die in Deutschland leben. Ein zweiter Grund könnte sein, dass erwartet wird, dass Menschen, die alleine leben, einsam sein müssten. Tatsächlich liegt der Anteil alleinlebender Menschen in Privathaushalten bei den unter 25-Jährigen und den über 85-Jährigen gleichermaßen bei 63 Prozent. Eine geschlechtsdifferenzierte Betrachtung (▶ Abb. 2.4) weist allerdings auf deutliche Geschlechtsunterschiede hin. Bei den unter 25-Jährigen leben nahezu gleich viele Frauen und Männer alleine (30% der Frauen und 33% der Männer). Bei den über 85-Jährigen lebt jedoch rund die Hälfte der Frauen alleine (49%) und nur 14 Prozent der Männer.

2 Über die Vielfalt des Alterns

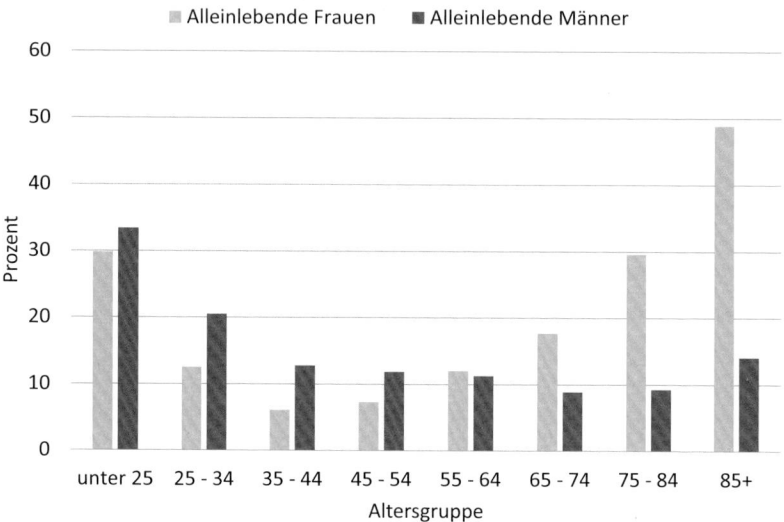

Abb. 2.4: Anteil alleinlebender Frauen und Männer (Quelle: Mikrozensus 2020; Statistisches Bundesamt, 2022; eigene Darstellung)

Alleinleben sollte weder mit Einsamkeit noch mit sozialer Isolation verwechselt werden. Soziale Isolation bezeichnet einen erheblichen Mangel an sozialen Kontakten. Zwar steigt auch diese mit dem Alter tatsächlich an, aber erst im Alter von 90 Jahren ist etwa jede fünfte Person sozial isoliert.

Ein dritter Grund könnte schließlich in unseren negativen Vorstellungen liegen, die wir vom Alter haben. Viele Menschen verbinden das Alter mit kognitivem und körperlichem Abbau, sozialen Verlusten und Einsamkeit, deutlich weniger dagegen mit positiven Aspekten. Doch möglicherweise beruht ein Teil dieser Angst vor dem Altwerden nicht allein auf den negativen Erwartungen an die Zukunft, sondern auf Unzufriedenheiten im Hier und Jetzt: mit dem ungelebten Leben und der Befürchtung, dass dies in Zukunft nicht anders, vielmehr noch schlechter, werden wird. Darauf verweist das Zitat von Susan Sontag zu Beginn dieses Kapitels.

2.1 Gesundheitliche Unterschiede – und Ungleichheiten

Kasten 2.2: Mythen und Wahrheiten über das Älterwerden: Auflösung (2)

1. Mehr als jede dritte Person ab 65 Jahren ist von Einsamkeit betroffen.
   → Mythos: Bis zum Alter von 80 Jahren ist nur eine von zehn Personen einsam. Bei Männern gilt dies selbst noch im Alter von 90 Jahren, bei den ab 90-jährigen Frauen ist eine von sieben Personen einsam. Die große Mehrheit der älteren Menschen ist damit nicht von Einsamkeit betroffen (vgl. Huxhold & Tesch-Römer, 2021).
2. Über die Hälfte der älteren Menschen ab 65 Jahren lebt allein.
   → Mythos: Tatsächlich lebt etwa jede dritte Person dieser Altersgruppe alleine und damit deutlich weniger als die Hälfte (Statistisches Bundesamt, 2022).
3. Der Anteil der älteren Menschen ab 65 Jahren, die armutsgefährdet sind, ist höher als bei jungen Erwachsenen (18–25 Jahre).
   → Mythos: Allerdings trennen die beiden Altersgruppen gerade einmal 0,8 Prozentpunkte. 19 Prozent (oder, um genau zu sein: 18,8 Prozent) in der jüngeren Altersgruppe und 18 Prozent in der älteren Altersgruppe sind von Armut betroffen oder gefährdet (Statistisches Bundesamt, 2022). Anders als bei den jüngeren ist allerdings bei den älteren Menschen der Anteil armutsgefährdeter Menschen in den letzten Jahren nahezu kontinuierlich gestiegen, so dass zu befürchten ist, dass der Mythos in Zukunft zur Wahrheit werden wird. Das ist durchaus mit einiger Sorge zu sehen. Ältere Menschen haben im Gegensatz zu jüngeren deutlich weniger Möglichkeiten, ihr Einkommen zu verbessern, da es zumeist auf Rentenzahlungen beruht.
4. Eine Minderheit der älteren Menschen ab 80 Jahren nutzt das Internet.
   → Wahrheit: Tatsächlich ist in dieser Altersgruppe die Internetnutzung noch vergleichsweise wenig verbreitet. Während

> nahezu alle Erwachsenen (98 %) im Alter zwischen 16 und 44 Jahren das Internet nutzen und dies auch für die große Mehrheit (79 %) aller 65- bis 74-Jährigen gilt, nutzt nur gut ein Drittel (37 %) der ab 80-Jährigen das Internet. Auch hier zeigt sich eine deutliche soziale Ungleichheit: Deutlich mehr als die Hälfte der 80-Jährigen und Älteren mit hoher Bildung (59 %) bzw. mit hohem Einkommen (67 %) nutzt das Internet. Im Vergleich dazu ist auffällig, wie wenige Menschen ab 80 Jahren mit niedriger Bildung oder geringem Einkommen das Internet nutzen (16 % bzw. 22 %; Reissmann et al., 2022).

2.2 Gesund Älterwerden: eine Frage der inneren Einstellung?

»Von allen selbsterfüllenden Prophezeiungen unserer Kultur ist die Annahme, dass Altern Abbau und schlechte Gesundheit bedeutet, wahrscheinlich die tödlichste.« Marilyn Ferguson (1938–2008)[9]

Jüngere Menschen sind aktiv, sozial eingebunden und körperlich fit, alte Menschen sind vulnerabel, einsam und gebrechlich – das ist ein verbreitetes Bild von jungen und alten Menschen. Das vorliegende Buch hat einige solcher Mythen über das Alter anhand von konkreten Daten in Frage gestellt. Deutlich wurde dabei, dass sich viele Mythen auf Defizite konzentrieren: Wie stark Einsamkeit, soziale Isolation, Pflegebedürftigkeit oder Demenz das Alter tatsächlich bestimmen, wird allgemein überschätzt. In der Überschätzung von Defiziten

---

9 Quelle: Ferguson, M. (1980). The Aquarian conspiracy: Personal and social transformation in the 1980 s. Tarcher. Übersetzung aus dem Englischen durch die Autorin.

2.2 Gesund Älterwerden: eine Frage der inneren Einstellung?

spiegeln sich die negativen Altersstereotype wider, die in unserer Gesellschaft überwiegen.

Das Bild von guter Gesundheit und Entwicklung in der ersten Lebenshälfte sowie Krankheit, Abbau und Vergänglichkeit in der zweiten Lebenshälfte ist eines, das seit vielen Jahrhunderten in Form einer Lebenstreppe dargestellt wird: Auf Bildern beginnen diese Darstellungen meist mit einem Wiegenkind. Ausgehend von dieser niedrigen Stufe der Lebenstreppe, steigen wir über Jugend und junges Erwachsenenalter die Treppe empor, um im mittleren Erwachsenenalter schließlich auf der Höhe der Entwicklung anzukommen. Ab hier geht es mit zunehmendem Alter die Treppe bergab, bis auf der letzten Stufe der Tod wartet. Eine Illustration einer solchen Lebenstreppe findet sich im ersten Buch dieser Buchreihe (Wahl et al., 2021). Diese Zweiteilung in Entwicklung (»treppauf«) und Abbau (»treppab«) wird von der Forschung seit rund 40 Jahren zunehmend in Frage gestellt. Die Vorstellung wächst, dass sich Menschen entwickeln, solange sie leben. Altern ist dabei Teil der lebenslangen Entwicklung.

Theorien zur Entwicklung über die Lebensspanne gehen dabei von einem multidirektionalen Prozess aus (Baltes et al., 1980). Multidirektional meint dabei, dass Menschen in allen Lebensphasen entwicklungsbezogene Gewinne und Verluste erleben. Das heißt, auch Kinder erleben körperliche oder soziale Verluste, beispielsweise durch eine chronische Krankheit oder den Verlust eines Elternteils. Zugleich erleben Menschen bis ins hohe Alter hinein Gewinne. Für die einen mögen dies die Kontakte mit den Enkelkindern sein, für andere das Erlernen einer neuen Sprache oder auch die Erholung nach einer Krankheit. Gewinne werden zwar mit steigendem Alter weniger und Verluste häufiger, dennoch findet beides gleichzeitig statt. Heutzutage gibt es zudem mehr Wissen darüber, wie wir aktiv zu Gesundheit im Alter beitragen können und wie wir uns von Krankheiten erholen können. Wie gut uns das gelingt, hängt auch von unseren Altersbildern ab, wie im Folgenden gezeigt wird.

2 Über die Vielfalt des Alterns

Gesellschaftliche und individuelle Vorstellungen vom Älterwerden und Altsein

Gesellschaftliche Vorstellungen davon, wie jüngere oder ältere Menschen üblicherweise sind und auch davon, was das Älterwerden im Allgemeinen mit sich bringt, werden als Altersstereotype bezeichnet. Zwar haben wir auch stereotype Vorstellungen von Jugendlichen und jungen Erwachsenen; meist wird der Begriff Altersstereotype jedoch verwendet, um Vorstellungen vom Altsein, alten Menschen oder den Verlauf des Älterwerdens zu beschreiben.

Stereotype helfen uns, komplexe Eigenschaften oder Verhaltensweisen von Personengruppen zu vereinfachen. Dies gilt ebenso für andere Stereotype, beispielsweise Geschlechtsstereotype. Altersstereotype haben jedoch die Besonderheit, dass sie sich auf eine Gruppe beziehen, der man als Kind oder Jugendlicher (noch) nicht angehört, in die man aber unweigerlich hineinwächst, wenn man nur lange genug lebt – sie werden zu Altersselbststereotypen (Kornadt et al., 2020). Da Altersstereotype bis zum jungen Erwachsenenalter nicht auf die eigene Person zutreffen, verinnerlichen wir diese, ohne sie kritisch zu betrachten und ohne uns bewusst zu werden, wie stark unser Denken und Verhalten durch Altersstereotype mitbestimmt wird. Altersstereotype sind in unserer Gesellschaft überwiegend negativ geprägt, wie jene von vergesslichen, kranken oder einsamen alten Menschen.

Liegt die eigene Kindheit bereits etliche Jahrzehnte zurück, sind die Vorstellungen von alten Menschen oftmals besonders negativ. Damals wirkten die eigenen Großeltern bereits mit 60 Jahren als alt, viel älter als heutige 60-jährige Menschen. Auch die Darstellungen von älteren Menschen in den Medien wie der Werbung war weit negativer als heute (▶ Kasten 2.3). Mit den auf diesen Wegen von Kindheit an gelernten Altersstereotypen gelangt man schließlich selbst ins Alter. Sie bilden eine zentrale, jedoch häufig unzeitgemäße Interpretationsgrundlage für die eigenen Erfahrungen mit dem Älterwerden. Altersstereotype und Sichtweisen auf das eigene Älterwerden sind dadurch eng miteinander verwoben, oft wird in diesem Zusammenhang auch von »Altersbildern« gesprochen.

> **Kasten 2.3: Altersbilder in der Werbung**
> Werbung gilt als Spiegel der Kultur, setzt kulturelle Normen und schafft öffentliche Aufmerksamkeit. Werbung ist deshalb auch mit Blick auf Altersbilder einflussreich. Altersbilder lassen sich daran ablesen, wie oft ältere Darsteller in der Werbung vorkommen, wie sie dargestellt werden und für welche Produkte sie werben. Dies hat sich über die letzten Jahrzehnte gewandelt: Ab Mitte der 1960er Jahre wurden ältere Menschen erstmals als Zielgruppe adressiert. Sie wurden als Werbeträger für vermeintlich »alterstypische« Produkte wie Medikamente und orthopädische Hilfsmittel eingesetzt. Einige Zeit beschränkte sich die Rolle älterer Darsteller in der Werbung auf diese defizitorientierte Nische. In der Nachkriegszeit konzentrierte sich die Werbung ansonsten auf die Gruppe der 18- bis 49-Jährigen mit der konsumfreudigen Babyboomer-Generation. Aber auch in dieser Altersgruppe wurde das Älterwerden als problembehaftet dargestellt, vor allem das Älterwerden von Frauen. Noch in den 1970er Jahren bewarb die Firma Endocil eine Hautcreme mit dem Spruch »Ein Mann darf Falten haben. Eine Frau nicht«[10] (Endocil, 1971). Erst zur Jahrtausendwende hin und angesichts des demographischen Wandels wurden ältere Menschen in der Werbung für altersübergreifende und vielfältige Produkte gezeigt, etwa Lebensmittel, Autos oder Uhren. Auch Kosmetikfirmen wie die Firma Dove begannen zu dieser Zeit, sich mit Kampagnen für einen neuen Blick auf Schönheit im Alter zu engagieren (Initiative für wahre Schönheit, Dove 2005) und dem verbreiteten Anti-Aging-Trend eine Pro-Alter Kampagne entgegenzustellen.[11]

---

10 Quelle: www.wirtschaftswundermuseum.de/mediapool/82/820701/resources/big_20041025_0_231-338.jpg (Januar 2023)
11 Quelle: www.youtube.com/watch?v=Ff7bVFEaXSQ (Januar 2023)

> Inzwischen hat die Gruppe der sogenannten Best Agers oder auch Master Consumers aufgrund ihrer Größe und Zahlungskraft deutlich an Stellenwert für die Werbebranche gewonnen. Für Werbezwecke werden Senior-Modelagenturen und spezialisierte Kommunikationsagenturen engagiert. Teil dieses Trends ist das sogenannte Third Age Marketing, das ältere Menschen mit neuen Lösungsangeboten für erfolgreiches Älterwerden anzusprechen versucht. Zu zentralen Motiven zählen körperliche Aktivität und Neugier, Freiheit von alten Rollen und Entwicklung neuer Identitäten, (äußerliche) Selbstfürsorge, würdevolles Altern und Eigenverantwortlichkeit. Problematisch ist der Trend zur Darstellung ausschließlich positiver Altersbilder. Er wird der Realität und Vielfalt älterer Menschen und ihrer Lebenssituationen ebenso wenig gerecht wie einseitig negative Altersbilder.

Die Rolle von Altersbildern für unsere Gesundheit

Das Vorherrschen negativer Altersbilder wäre vielleicht nicht so schlimm, gäbe es nicht zuverlässige Belege dazu, dass eben diese Bilder über zwei Wege eine erhebliche Wirkung entfalten können: Der eine Weg ist unser Denken und Verhalten anderen Menschen gegenüber, das sich als Altersdiskriminierung äußern kann. In der Gesundheitsversorgung kann sich dies beispielsweise darin äußern, dass Ärzte und andere Professionelle nicht mit einer älteren Person sprechen, sondern über sie – zum Beispiel mit deren erwachsenen Kindern. Nicht selten wird dabei stillschweigend davon ausgegangen, dass die ältere Person ohnehin nicht mehr verstehen würde, worum es geht. Der andere Weg ist unser Denken und Verhalten uns selbst gegenüber, das zu einer Altersselbstdiskriminierung führen kann. Diese äußert sich unter anderem darin, dass wir Dinge nicht mehr tun, da wir denken, wir seien dafür zu alt (»Ich hätte so gerne Klavierspielen gelernt, doch jetzt bin ich leider zu alt dafür.«). Oder, indem wir beispielsweise Rückenschmerzen oder Schlafstörungen

2.2 Gesund Älterwerden: eine Frage der inneren Einstellung?

nicht durch einen Arztbesuch abklären lassen, da wir überzeugt davon sind, die Beschwerden seien normal in diesem Alter.

In den letzten 20 Jahren zeigten rund 100 Studien eindrucksvoll, dass Altersbilder erhebliche Folgen für die Gesundheit und Langlebigkeit haben (für eine Übersicht über die nachfolgend beschriebenen Studien: Wurm et al., 2022). Besonders aussagekräftig sind dabei Studien, die Menschen über viele Jahre hinweg und damit im Prozess des Älterwerdens begleiteten. An diesen Studien lässt sich ablesen, welche langfristigen Effekte Altersbilder auf die Gesundheit haben können.

Zwei solcher Langzeitstudien untersuchten die langfristigen Effekte von Altersstereotypen junger Erwachsener. Über 40 Jahre hinweg wurden diese Personen begleitet. Diejenigen, die im jungen Erwachsenenalter negativere Altersstereotype hatten, hatten im Laufe der nächsten Jahrzehnte doppelt so häufig eine schwerwiegende Herz-Kreislauf-Erkrankung (z. B. einen Herzinfarkt) wie jene mit positiveren Altersstereotypen (Levy et al., 2009). Ebenso zeigte sich, dass junge Erwachsene mit negativeren Altersstereotypen über die kommenden Jahrzehnte schlechtere Gedächtnisleistungen entwickelten als jene mit positiveren Altersstereotypen (Levy et al., 2012). Etliche weitere Studien weisen zudem darauf hin, dass Menschen mit negativeren Altersstereotypen häufiger eine Krankenhausbehandlung erleben, sich schlechter nach einer Krankheit erholen und häufiger eine Depression entwickeln als Personen mit positiveren Altersstereotypen.

Doch nicht nur Altersstereotype, sondern auch Vorstellungen vom eigenen Älterwerden haben nachweislich Effekte auf unsere Gesundheit. Langzeitstudien zeigen, dass Menschen, die positiver auf ihr eigenes Älterwerden blicken, weniger Krankheiten und Mobilitätseinschränkungen entwickeln und zudem deutlich seltener einen Schlaganfall oder eine Herz-Kreislauf-Erkrankung (z. B. Herzinfarkt, koronare Herzkrankheit) erleben als jene mit negativeren Sichtweisen (Stephan et al., 2021). Sie haben seltener Stürze oder Krankenhauseinweisungen und erholen sich nach Krankheiten schneller.

Bemerkenswert ist auch, dass eine positive Sicht auf das Älterwerden einen Schutzfaktor gegen Demenz darstellt (Levy et al., 2018).

Schnell lassen solche Befunde kritische Fragen aufkommen: Haben nicht einfach per se jene Menschen positivere Altersbilder, die eine bessere Gesundheit haben? Ist es deshalb umgekehrt nicht viel wichtiger zu betrachten, wie sich unsere Gesundheit auf unsere Vorstellungen vom Älterwerden und Alt sein auswirkt? In der Tat haben sich diese Frage eine Reihe von Wissenschaftlern gestellt, einschließlich der Autorin dieses Buches, und deshalb in mehreren Studien die Wechselbeziehung zwischen Gesundheit und Altersbildern untersucht. Denn manche Langzeitstudien ermöglichen, direkt miteinander zu vergleichen, wie stark sich eine (schlechte) Gesundheit auf Altersbilder auswirkt und umgekehrt, wie sehr (negative) Altersbilder gesundheitliche Folgen haben. Wie erwartet zeigte sich, dass Menschen mit einer schlechteren Gesundheit tatsächlich negativere Altersbilder haben und diese Altersbilder in Folge schlechter Gesundheit auch negativer werden. Die Studien zeigen jedoch etwas Erstaunliches: Der Einfluss von Altersbildern auf die Gesundheit ist größer als umgekehrt! Unser positives oder negatives Denken über das Älterwerden entpuppt sich damit als eine sich selbst erfüllende Prophezeiung: Denken wir positiv, bleiben wir gesünder – und dies über viele Jahre oder sogar Jahrzehnte hinweg.

Und genau dies führt zur zweiten kritischen Frage: Sind es denn wirklich unsere Vorstellungen vom Älterwerden und Altsein, die bedeutsam für die Gesundheit sind? Oder spiegeln sich in diesen Vorstellungen einfach andere Faktoren wider, von denen man bereits seit langem weiß, dass sie zur Gesundheit beitragen? Gut erforscht ist beispielsweise, dass ein gesunder Lebensstil wie Nichtrauchen, gesunde Ernährung und regelmäßige Bewegung zur Gesundheit beiträgt. Nicht zu unterschätzen ist auch die positive Rolle einer besseren Bildung wie auch die einer optimistischen Grundhaltung. Diese und zahlreiche weitere Faktoren wurden deshalb ergänzend in Studien zur Bedeutung von Altersbildern betrachtet, um gesundheitliche Entwicklungen vorherzusagen. Doch auch wenn man derartige gesundheitsfördernde Faktoren mitberücksichtigt, bleiben Altersbilder darüberhinausgehend bedeutsam für die Gesundheit. Unsere Altersbilder enthalten damit offensichtlich eine eigenständige Information, die unsere Gesundheit beeinflusst. Bedeutet dies zugleich, dass unsere Altersbilder auch mit darüber entscheiden, wie lange wir leben?

Länger leben durch positivere Vorstellungen vom Älterwerden

Anfang der 1990er Jahre startete in Berlin die sogenannte Berliner Altersstudie mit rund 500 älteren Menschen ab 70 Jahren. Die Gesundheit der an der Studie Teilnehmenden wurde umfangreich untersucht. Zudem wurden die Menschen zu vielfältigen Aspekten ihres Lebens untersucht und befragt, unter anderem zu ihrem Alter, Sozialstatus, Partnerschaftsstatus, Geschlecht, Intelligenz, Persönlichkeit, sozialen Beziehungen und ihrem Wohlbefinden sowie zu ihrer Sicht auf das Älterwerden. In den darauffolgenden sechs Jahren verstarb rund die Hälfte der Befragten. Die Frage war nun: Aus welchen der genannten Lebensaspekte lässt sich am besten schließen, wer früher verstorben ist und wer noch lebt? Das Überraschende war, dass sich abgesehen von kognitiven Fähigkeiten (Intelligenz) vor allem die Sicht auf das Älterwerden als zentraler Faktor herausstellte (Maier & Smith, 1999). Menschen mit einer positiven Sicht auf das Älterwerden lebten länger als jene mit einer negativeren Sicht. Dieser Befund zeigte sich auch dann, wenn man gleichzeitig die anderen genannten Faktoren (u.a. Alter, Geschlecht, Sozialstatus, Persönlichkeit) zur Vorhersage der Langlebigkeit heranzog.

Wenige Jahre später gelangte eine US-amerikanische Langzeitstudie zum gleichen Ergebnis. An dieser Studie nahmen rund 600 Menschen im Alter zwischen 50 und 94 Jahren teil. Über 23 Jahre hinweg wurde anschließend verfolgt, ob sie noch lebten oder wann sie gegebenenfalls verstorben waren. Auch in dieser Studie wurden verschiedene Faktoren, die zu Langlebigkeit beitragen, miteinander verglichen. Und auch hier zeigte sich, dass Personen mit einer positiveren Sicht auf das Älterwerden länger lebten – und zwar durchschnittlich siebeneinhalb Jahre länger, als jene mit einer negativeren

Sicht (Levy et al., 2002). Besonders eindrucksvoll: Der Effekt einer positiven Sicht auf das Älterwerden entpuppte sich als bedeutender für den Gewinn an Lebensjahren als herkömmlich dafür herangezogene Gesichtspunkte wie niedrige Cholesterinwerte, niedriger Blutdruck, Nichtrauchen oder körperliche Aktivität.

Eine aktuelle deutschlandweite Studie der Autorin dieses Buchs mit 2.400 Personen im Alter zwischen 40 und 85 Jahren erbrachte weitere interessante Erkenntnisse (Wurm & Schäfer, 2022). Auch hier wurde für die Studienteilnehmenden 23 Jahre lang dokumentiert, wer wann verstorben ist. Anders als die beiden anderen Studien untersuchte diese Studie nicht nur eine Sichtweise auf das eigene Älterwerden, sondern drei unterschiedliche Sichtweisen. Nur so lässt sich genauer verstehen, ob es potentiell lebensverkürzend ist, wenn wir das Älterwerden mit Verlusten verbinden oder ob es lebensverlängernd wirkt, wenn wir mit dem Älterwerden auch Gewinne erleben. Denn oftmals erleben Menschen beides im Zuge des Älterwerdens: körperliche und/oder soziale Verluste und zugleich Gewinne. Zu letzteren zählt das Erleben persönlicher Weiterentwicklung, weil man Ziele und Pläne hat, seine Ideen umsetzen kann oder neue Dinge lernt. Welche dieser Sichtweisen ist nun bedeutsam dafür, wie lange wir leben?

Führt die Vorstellung, das Älterwerden halte vor allem Verluste bereit, Menschen dazu, dass sie ihren Lebenswillen verlieren und früher sterben? Vergleichbar mit den früheren Studien berücksichtigte diese Studie viele verschiedene Lebensaspekte, von denen man bereits weiß, dass sie zu vorzeitiger Sterblichkeit oder Langlebigkeit beitragen: neben dem Alter, Geschlecht und Sozialstatus auch Gesundheit und Wohlbefinden, Optimismus und Einsamkeit. Erneut war die Frage, ob Altersbilder bedeutsam dafür sind, wie lange Menschen leben, wenn zugleich diese anderen Lebensaspekte mit betrachtet werden. Nur eines der verschiedenen Altersbilder setzte sich gegenüber den anderen Lebensaspekten durch: erstaunlicherweise nicht eine verlustorientierte Sicht, sondern vielmehr die positive Sicht, dass das Älterwerden mit persönlicher Weiterentwicklung einhergeht. Diese Sicht erweist sich als förderlich für ein langes

2.2 Gesund Älterwerden: eine Frage der inneren Einstellung?

Leben (Wurm & Schäfer, 2022). Die Sicht, dass das Älterwerden mit körperlichen oder sozialen Verlusten einhergeht, konnte demgegenüber keinen zusätzlichen Erklärungswert beitragen, der nicht bereits in den anderen Lebensaspekten (wie zum Beispiel der Gesundheit) enthalten gewesen wäre. Genauso wie in der 20 Jahre früher veröffentlichten Studie wurde in dieser Studie der konkrete Gewinn an Lebensjahren berechnet. Dabei wurde deutlich, dass Menschen, die das Älterwerden mit persönlicher Weiterentwicklung erleben, im Durchschnitt 13 Jahre länger leben als jene mit einer weniger positiven Sicht – natürlich nicht allein durch positives Denken, sondern durch zahlreiche Faktoren, die damit zusammenhängen. Einige von ihnen werden im Folgenden beschrieben. Die Befunde stützen die am Kapitelbeginn zitierte Äußerung von Marilyn Ferguson, dass unsere Annahmen über das Altern zu tödlichen, selbsterfüllenden Prophezeiungen werden können.

Wie wirken Altersbilder auf unsere Gesundheit und Langlebigkeit?

In den letzten Jahren hat die Forschung damit begonnen, besser zu verstehen, wie es dazu kommt, dass Altersbilder die Gesundheit und Langlebigkeit beeinflussen. Dabei lassen sich im Wesentlichen drei Wirkmechanismen unterscheiden (▶ Abb. 2.5; vgl. Wurm et al., 2017):

(1) Unsere Altersbilder beeinflussen *physiologische Prozesse* im Körper: Durch mehrere Studien ist bekannt, dass sich Altersbilder über biochemische Prozesse auf die Gesundheit auswirken. In einer Langzeitstudie zeigte sich bei älteren Menschen mit negativeren Altersbildern, dass ihr Cortisolspiegel über die Jahre hinweg kontinuierlich anstieg, was auch aus anderen Studien bekannt ist und bisher dem Alterungsprozess zugeschrieben wurde. Cortisol ist ein Stresshormon und Ausdruck für chronischen Stress, der Herz-Kreislauf-Erkrankungen fördert. Deshalb ist es bemerkenswert, dass bei älteren Menschen mit positiven Altersbildern der Cortisolspiegel hingegen nicht anstieg. Positive Altersbilder scheinen also einen Schutzfaktor

gegen Stress darzustellen. Auch mit Blick auf chronische entzündliche Prozesse im Körper, die über den Biomarker C-reaktives Protein gemessen werden können, zeigen sich Unterschiede. Menschen mit positiven Altersbildern haben im Durchschnitt ein niedrigeres Niveau an entzündlichen Prozessen im Körper als jene mit negativeren Altersbildern. Weitere Studien zu Biomarkern bestätigen, dass negative Altersbilder das biologische Altern beschleunigen.

Unsere Gene scheinen ebenfalls einen Wirkmechanismus darzustellen, über den Altersbilder auf die Gesundheit wirken. Das Gen Apolipoprotein E (ApoE) spielt eine Rolle für den Fettstoffwechsel. Menschen mit dem Genotyp ApoE ε2 erkranken seltener an Alzheimer- Demenz als Menschen mit anderen Genotypen. Den günstigen Effekt von ApoE ε2 auf kognitive Fähigkeiten verstärken positive Altersbilder, wie eine Langzeitstudie über acht Jahre zeigen konnte; negative Altersbilder schwächen hingegen den schützenden Effekt von ApoE ε2 ab (Levy et al., 2020). Diese Studie macht zugleich deutlich, dass unsere Gene zwar eine gewisse Rolle für unsere Gesundheit spielen, ihre Bedeutung aber teilweise überschätzt wird.

Denn bemerkenswerterweise hatten positive Altersbilder einen rund 15-fach stärkeren Einfluss auf die kognitiven Fähigkeiten als ApoE ε2.

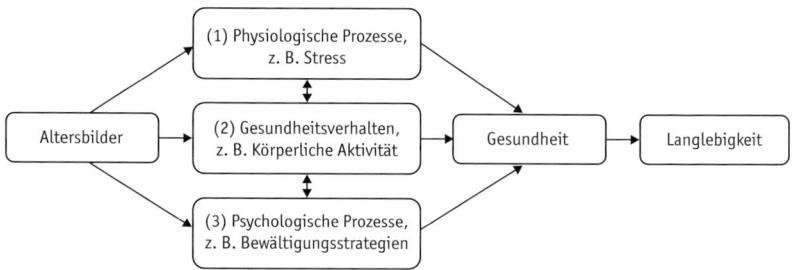

Abb. 2.5: Über welche Wege nehmen Altersbilder Einfluss auf Gesundheit und Langlebigkeit? Drei zentrale Wirkpfade

(2) Altersbilder beeinflussen zudem unser *Gesundheitsverhalten:* Das bestätigen Studien, die die Rolle von Altersbildern für gesundheits-

2.2 Gesund Älterwerden: eine Frage der inneren Einstellung?

förderliche Verhaltensweisen untersucht haben. Sie zeigen übereinstimmend, dass Menschen mit einer negativeren Sicht auf das Älterwerden deutlich seltener körperlich aktiv sind als Personen mit einer positiveren Sicht und insgesamt weniger auf präventives Verhalten achten, zum Beispiel weniger auf eine ausgewogene Ernährung oder die regelmäßige Einnahme verschriebener Medikamente. Menschen mit positiven Altersbildern hingegen ernähren sich gesünder und bewegen sich trotz gesundheitlicher Probleme regelmäßig, was den gängigen Empfehlungen entspricht. Sie entwickeln zudem seltener ein starkes Übergewicht, gehen regelmäßiger zu Vorsorgeuntersuchungen und müssen seltener ins Krankenhaus. Dabei ist es wahrscheinlich, dass die physiologischen, psychologischen und verhaltensbezogenen Wirkmechanismen direkt miteinander zusammenhängen, was die Doppelpfeile in ▶ Abb. 2.5 illustrieren. Denn psychischer Stress wirkt sich auch auf körperlichen Stress und das Gesundheitsverhalten aus – und umgekehrt wirkt sich unsere Ernährung und (mangelnde) Bewegung auf physiologische und psychische Faktoren aus. Dieses direkte Zusammenspiel der drei Faktoren ist jedoch im Zusammenhang mit der Rolle von Altersbildern noch nicht untersucht worden.

(3) Schließlich sind *psychologische Prozesse* bedeutsam: Altersbilder wirken sich auch über psychologische Mechanismen auf Gesundheit und Langlebigkeit aus. Eine der Studien zur Rolle von Altersbildern für die Langlebigkeit zeigte, dass Menschen mit negativeren Altersbildern einen geringeren Lebenswillen haben und dieser zu einer kürzeren Lebenszeit beiträgt (Levy et al., 2002).

Eine andere Studie untersuchte ältere Menschen, die innerhalb der letzten sechs Monate eine schwere Krankheit, eine Operation oder einen Unfall hatten. Manche von ihnen hatten nach dem Ereignis ein negatives Altersbild und verbanden das Älterwerden vor allem mit körperlichen Verlusten, andere hingegen nicht. In den Folgemonaten zeigte sich, dass sich die Personen mit einem negativen Altersbild weniger um einen gesundheitsbewussten Lebensstil bemühten als jene mit einem positiveren Altersbild. Verbinden Menschen das Älterwerden eng mit körperlichen Verlusten, scheint sie das also zu entmutigen, aktiv etwas für die eigene Gesundheit zu tun (Wurm et al., 2013). Die schädliche Wirkung negativer Altersbilder kann jedoch abgemildert werden, wenn Menschen zugleich eher achtsam oder optimistisch sind, nicht zum Grübeln neigen und sich als selbstwirksam erleben, also glauben, dass sie schwierige Situationen aus eigener Kraft erfolgreich bewältigen können. Auch dies zeigen mehrere Studien.

2.3 Zwischen Anpassung, Bewältigung und persönlichem Wachstum

»Die beste Art, das Altern zu betrachten, ist, es als eine Gelegenheit zu sehen, das, was nicht funktioniert hat, hinter sich zu lassen und mutig in eine ganz neue Zukunft zu gehen.« Oprah Winfrey (*1954)[12]

Unsere gängigen Vorstellungen vom Älterwerden sind bereits seit Jahrhunderten fest im bereits beschriebenen Bild der Lebenstreppe verankert. Im Laufe des Lebens gibt es eine Reihe von Ereignissen und Übergängen, die jeweils den Beginn einer neuen Lebensphase bedeuten. Der Schulabschluss, der Beginn der Berufstätigkeit, Heirat, die Geburt von Kindern ebenso wie von Enkelkindern oder der Übergang in den Ruhestand markieren solche Wechsel – sie spiegeln sich in den Stufen der Lebenstreppe wider. Die Lebenstreppe liefert eine Art Kompass dafür, was wir in welcher Lebensphase erwarten und dementsprechend als normal erachten. Auch wenn die Zweiteilung der Lebenstreppe nicht mehr dem Stand der heutigen Forschung entspricht, kann sie dennoch hilfreich sein im Umgang mit al-

---

[12] Quelle: https://quotefancy.com/quote/879710/ (Januar 2023) oder www.az quotes.com/quote/1369879 (Januar 2023); Übersetzung aus dem Englischen durch die Autorin.

2.3 Zwischen Anpassung, Bewältigung und persönlichem Wachstum

tersassoziierten, gesundheitlichen Veränderungen. Wie wichtig ist es dabei, neben Verlusten auch Gewinne mit dem Älterwerden zu erleben? Darauf gehen die nachfolgenden Abschnitte ein.

Wie laut tickt unsere soziale Uhr?

Folgt man den lebensphasenspezifischen Entwicklungsstufen, wird deutlich, dass sie einer »sozialen Uhr« folgen. Als solche bezeichnete die amerikanische Psychologin und Alternsforscherin Bernice Neugarten bereits in den 1970er Jahren die Tatsache, dass die Gesellschaft Entwicklungsübergänge wie Schulabschluss oder Familienplanung fördert und gutheißt, solange diese im richtigen Alter stattfinden. Umgekehrt werden von der Gesellschaft Entwicklungen erschwert und kritisiert, wenn diese von der üblichen Lebenszeitplanung abweichen. Die soziale Uhr sagt uns damit, was in welchem Alter passend, zu früh oder zu spät ist – mit anderen Worten: was in einem bestimmten Alter als »normal« sozial akzeptiert ist und was nicht. Die 14-Jährige, die ein Kind erwartet, wird damit genauso konfrontiert wie der 72-Jährige, der noch voll im Berufsleben steht, der 35-Jährige, der schwer an Krebs erkrankt oder die 84-Jährige, die ihren neuen Partner heiratet. All diese Ereignisse und Verhaltensweisen sind gesellschaftlich im Grunde akzeptiert – aber der sozialen Uhr folgend bei der jungen Mutter ebenso wie bei der Erkrankung des jungen Erwachsenen zu früh, beim älteren Erwerbstätigen oder der frisch Verliebten über 80-Jährigen zu spät im Leben. Die Reaktionen anderer Menschen, egal ob diese offen ausgesprochen werden oder von uns selbst gedanklich antizipiert werden, beeinflussen unser Denken und Verhalten.

Die soziale Uhr bildet auch eine Grundlage dafür, wie gut oder schlecht wir Einbußen bewältigen. Der Verlust einer geliebten Person, die in jungen Jahren verstirbt, ist meist unerwartet und schwer zu akzeptieren. Verstirbt ein Mensch in seinem neunten Lebensjahrzehnt, ist das für seine Angehörigen eher zu bewältigen, denn in diesem Alter wird das Lebensende als normal erlebt, es entspricht den Erwartungen. Hinzu kommt, dass die Person bereits ein langes Leben hatte, im Gegensatz zur jung verstorbenen Person. In früheren Jahrhunderten lauerte der Tod dagegen noch in jedem Alter, viele Kinder und Jugendliche erreichten nicht das Erwachsenenalter. Es war damit weitaus verbreiteter und damit stärker der Normalität entsprechend, dass Menschen in jüngeren Jahren verstarben. Normalität kann Menschen darin unterstützen, Verluste etwas besser zu akzeptieren.

Gleiches gilt auch für körperliche Einbußen, seien es starke Bewegungseinschränkungen durch eine Hüftarthrose oder Seheinbußen durch die Eintrübung der Augenlinse, bekannt als Grauer Star (Katarakt). Die Vorstellung: »In meinem Alter ist das normal« kann dabei helfen, Dinge zu akzeptieren, die man nicht ändern kann, wie dies im bereits zitierten Gelassenheitsgebet (▶ Kap. 1.1) beschrieben wird. Für viele Bereiche im Leben ist das vermutlich die größte Aufgabe, die uns das Älterwerden stellt: herauszufinden, welche Dinge man nicht ändern kann und wann es hingegen wichtig ist, Dinge gerade nicht einfach hinzunehmen. Denn während man in früheren Zeiten eine Hüftarthrose oder einen Grauen Star akzeptieren musste, da sie nicht veränderbar waren, lassen sich diese Erkrankungen heutzutage gut und erfolgreich behandeln.

Kasten 2.4: Welche Altersnormen habe ich? – Ein kurzer Selbsttest

- Bis zu welchem Alter sollten wir unsere Schulzeit beendet haben? _ Jahre
- Bis zu welchem Alter sollten wir die Familienplanung abgeschlossen haben? _ Jahre
- Ab welchem Alter sollten wir Altersrente erhalten? _ Jahre
- Bis zu welchem Alter sollten wir Auto fahren? _ Jahre

Die altersabhängige Strukturierung des Lebensverlaufs unterliegt historischen Veränderungen und kulturellen Unterschieden. Eine

Reihe von Altersnormen haben sich verändert oder die Ziele selbst sind weniger normativ geworden – ob, wann und wie häufig bestimmte Ereignisse wie eine Heirat im Leben stattfinden, variiert heutzutage erheblich. In Deutschland erwarten Frauen immer später im Leben ihr erstes Kind; der Anteil der 65- bis 69-jährigen Menschen, die erwerbstätig sind, hat sich durch die Veränderung rentenrechtlicher Regelungen innerhalb von zehn Jahren nahezu verdoppelt; und auch der Anteil freiwillig engagierter Menschen ab 65 Jahren ist in den letzten beiden Jahrzehnten um 13 Prozentpunkte gestiegen, so dass sich inzwischen etwa jede dritte ältere Person engagiert (Simonson et al., 2021).

Die klassische Lebenstreppe beschreibt damit die Lebenswirklichkeit vieler Menschen nicht hinreichend, vielmehr gibt es verschiedene Lebenstreppen in einem einzigen Leben. Je nach Lebensbereich – sei es Freizeit, Familie, Gesundheit oder Lebenszufriedenheit – kann die Kindheit, das junge oder spätere Erwachsenenalter oder das Alter die beste Phase und damit die höchste Stufe der Lebenstreppe sein. Zudem drehen sich die Lebenstreppen manchmal unerwartet und nehmen andere Richtungen, ähnlich wie die Treppen des Schlosses Hogwarts der Harry-Potter-Romane. Es geht mal auf- und mal abwärts, unabhängig vom Lebensalter. Gesellschaftliche Normen gibt es weniger, die soziale Uhr tickt damit leiser als früher. Es gibt aber noch allgemeine, soziale Strukturierungen des Lebenslaufs, die an biologische Reifungs- und Abbauprozesse wie beispielsweise Geschlechtsreife und Menopause geknüpft sind.

Was haben wir selbst in der Hand? Die Bedeutung von Selbstregulation für die Gesundheit

Über die ganze Lebensspanne hinweg setzen sich Menschen Ziele und versuchen, diese zu verwirklichen. Vor rund 70 Jahren, im Jahr 1953, formulierte der US-amerikanische Wissenschaftler Robert J. Havighurst für verschiedene Lebensphasen konkrete Entwicklungsaufgaben. Er selbst war damals 53 Jahre und hatte die durchschnittliche

Lebenserwartung seines Geburtsjahrgangs bereits um sieben Jahre überschritten. Dies mag vielleicht mit erklären, warum er für das Alter nur noch eine Aufgabe formulierte: sich anzupassen an alle Verluste, die einen erwarten, seien es gesundheitliche, finanzielle oder auch soziale Verluste.

Bis heute haben jüngere wie ältere Menschen eher Vorstellungen davon, was man im Alter nicht mehr macht (z.B. nicht mehr Kinder bekommen, nicht mehr arbeiten, ...), als davon, welche Ziele bedeutsam sein könnten. Das stellt besondere Herausforderungen an die Gestaltung der nachberuflichen Lebensphase, was als Freiheit oder auch als Orientierungslosigkeit erlebt werden kann. In dieser Phase können potentiell individuelle Vorlieben und Ziele realisiert werden, die unabhängig vom Lebensalter sind, wie das Erlernen eines bestimmten Musikinstruments oder einer Fremdsprache, politisches oder soziales Engagement, eine langersehnte Reise oder das Lesen der Lieblingsliteratur. Zur Erreichung all dieser Ziele sind gewisse Ressourcen notwendig. Dazu kann eine ausreichend gute Gesundheit ebenso zählen wie Geld für die geplante Reise, Unterstützung beim Lernen eines Instruments, genügend Zeit und Selbstvertrauen, um diese Ziele überhaupt in Angriff zu nehmen.

Im Alter wird die Abnahme einiger Ressourcen wahrscheinlicher. Anders als Havighurst (1981) betonen heutige Theorien jedoch, dass es nicht allein darum geht, dass wir uns an Verluste anpassen. Vielmehr ist unsere Fähigkeit zur Selbstregulation entscheidend. Sie erlaubt uns, flexibel mit sich verändernden Ressourcen und Situationen umzugehen, Verluste zu kompensieren, bestehende Fähigkeiten aufrechtzuerhalten und Neues zu erlernen.

Auf diese Weise trägt Selbstregulation zu Gesundheit und Wohlbefinden bei. Zwei Strategien der Selbstregulation sind dafür zentral: Einerseits kann eine Person sich anstrengen, um ein gesetztes Ziel zu erreichen. Um bei einem der bereits eingeführten Beispiele zu bleiben: Eine Person kann sich nach einer Hüftgelenk-Operation zum Ziel gesetzt haben, (wieder) eine längere Bergwanderung machen zu können. Um dies zu erreichen, beginnt sie, regelmäßig Spaziergänge zu machen, jeden Tag ein weniger länger. Merkt die Person, dass das

2.3 Zwischen Anpassung, Bewältigung und persönlichem Wachstum

Ziel einer Bergwanderung zu hochgesteckt ist, kann sie ihre Maßstäbe anpassen, indem sie das angestrebte Ziel näher in Richtung der eigenen Fähigkeiten rückt. Vielleicht ist ein längerer Spaziergang ohne größere Steigungen das neue Ziel. Oder es geht darum, bestehende Gehfähigkeiten aufrechtzuerhalten oder Techniken einzuüben, um Nachteile auszugleichen (z. B. das Gehen mit Laufstöcken oder langsameres Gehen bei Steigungen).

Eine der modernen Theorien zur Selbstregulation bezeichnet das Streben nach gesetzten Zielen als hartnäckige Zielverfolgung, das Anpassen unserer Erwartungen an die tatsächlichen Möglichkeiten als flexible Zielanpassung (Brandtstädter, 2007). Wann welche der beiden Strategien sinnvoller ist, lässt sich dabei nicht pauschal beantworten. Dies hängt davon ab, inwieweit ein Ziel erreichbar ist oder nicht. Ist es unerreichbar, ist das Festhalten am Ziel verbunden mit erheblichem Stress und einem wiederholten Gefühl des Scheiterns. In diesem Fall ist die Anpassung des Ziels an die eigenen Fähigkeiten förderlich für die Aufrechterhaltung von Gesundheit, Wohlbefinden und Lebensfreude. Das Alter bietet die Gelegenheit, sich von den Maßstäben der Leistungsgesellschaft zu verabschieden.

Eine andere moderne Theorie erklärt, dass die Loslösung von Zielen nicht mit einem generellen Aufgeben oder gar mit Hilflosigkeit gleichzusetzen ist, da es nicht um ein pauschales Aufgeben geht, sondern um das Loslassen einzelner, unerreichbarer Ziele (Mens et al., 2015). Studien zeigen, dass ein solches Loslassen dazu führt, dass Stress, negative Gefühle und belastende Gedanken abnehmen, positive Gefühle allerdings nicht zunehmen. Zu positiver Stimmung und Sinnhaftigkeit trägt jedoch die Wiederaufnahme anderer, persönlich sinnvoller Ziele bei. Das also erscheint etwas Entscheidendes zu sein: Ältere Menschen erleben im Vergleich zu anderen Altersgruppen besonders häufig, dass sie unerreichbare Ziele haben. Lassen sie diese Ziele los, ist dies zunächst entlastend; nehmen sie jedoch keine neuen Ziele auf, fehlen ihnen wichtige Momente für eine positive Stimmung, Lebenszufriedenheit und ein Gefühl der Sinnhaftigkeit.

Vor diesem Hintergrund ist das zu Beginn des Kapitels angeführte Zitat von Oprah Winfrey zu interpretieren: Das Altern sollte nicht allein als Gelegenheit betrachtet werden, hinter sich zu lassen, was nicht funktioniert hat. Wichtig ist zugleich der zweite Teil ihrer Aussage, in der sie dazu ermutigt, in eine ganz neue Zukunft zu gehen.

Gewinnorientierte Ziele sind nicht der Jugend vorbehalten

Vor diesem Hintergrund lässt sich die Forschung zur Bedeutung von Altersbildern für ein langes Leben nun auch besser verstehen. Während die ersten Studien zunächst allgemein zeigen konnten, dass Menschen mit einer positiven Sicht auf das Älterwerden länger leben, wird inzwischen deutlich, dass Menschen länger leben, wenn sie das Älterwerden als persönliche Weiterentwicklung empfinden (Wurm & Schäfer, 2022). Dieser Befund ist im Einklang mit aktuellen Modellen zur Entwicklung über die Lebensspanne, die ebenfalls die Rolle von Zielen für das gesunde Älterwerden betonen (Freund et al., 2021) und zwar vor allem von Zielen, die sich auf persönliche Gewinne beziehen und nicht allein auf die Vermeidung von Verlusten.

Das ist alles andere als trivial, nachdem man sich allzu lange in der Altersforschung darauf beschränkte, den Fokus auf die Vermeidung von Verlusten und die Aufrechterhaltung von Fähigkeiten zu richten. Nun zeigt sich in verschiedenen Studien die Rolle gewinnorientierter Ziele, da sie vermutlich beflügelnder sind als Ziele, die sich auf die Vermeidung von Verlusten richten. Damit im Einklang sind auch Befunde zur Bedeutung des Lebenssinns für die Langlebigkeit: Zahlreiche Studien zeigen, dass Menschen länger leben, wenn sie einen Sinn in ihrem Leben sehen (Cohen et al., 2016). Dabei könnte es tatsächlich einen Unterschied machen, ob Menschen abstrakte, entfernte, übergeordnete Ziele oder vielmehr ganz konkrete, nahe Ziele haben. Für letztere lässt sich häufig auch besser bemessen, ob diese erreichbar oder unerreichbar sind und ob sie besser durch andere, persönlich sinnvolle Ziele ersetzt werden sollten.

Bereits Viktor Frankl, der im II. Weltkrieg selbst ins Konzentrationslager deportiert wurde und später in Studien untersuchte, welche psychologischen Faktoren Menschen halfen, diese Erfahrung zu

2.3 Zwischen Anpassung, Bewältigung und persönlichem Wachstum

überleben, verwies auf den entscheidenden Faktor, einen Sinn im Leben zu sehen. Vielleicht ist es genau diese Komponente, die auch dazu beiträgt, dass Menschen mit einer positiv erwartungsvollen Sicht auf das Älterwerden länger leben. Das besser zu verstehen und dabei auch die dargestellten biologischen, verhaltensbezogenen und psychologischen Wirkmechanismen zu erkennen, ist eine Aufgabe der zukünftigen Forschung.

3 Möglichkeiten der Vorsorge für das Alter

Unsere Gesundheit ist kein statischer Zustand. Vielmehr handelt es sich um ein dynamisches Gleichgewicht, das Menschen in allen Lebensphasen erhalten und immer wieder herstellen, im stetigen Zusammenspiel mit ihrer Umwelt. Dieses Grundverständnis von Gesundheit hat zwar schon seine Wurzeln in der bereits beschriebenen Gründungspräambel der Weltgesundheitsorganisation (WHO) von 1949 (▶ Kap. 1.2). Doch häufig trennen wir weiterhin in die beiden Pole Gesundheit und Krankheit. Diese Zweiteilung spiegelt sich in der internationalen Klassifikation der Krankheiten der WHO wider. Ärzte nutzen diese statistische Klassifikation (kurz: ICD), um Krankheitsdiagnosen und Todesursachen amtlich nach einem internationalen Standard zu verschlüsseln. Gerade wenn mehrere Erkrankungen bestehen, stehen Beschwerdefreiheit und die Abwesenheit von körperlichen Einschränkungen stärker im Vordergrund als die reine Zweiteilung in gesund oder krank.

Ein zweites Klassifikationssystem der WHO bildet diese differenziertere Perspektive auf Gesundheit besser ab und bezieht zugleich Möglichkeiten der Prävention mit ein.

Die internationale Klassifikation der Funktionsfähigkeit, Behinderung und Gesundheit (ICF; WHO, 2005) beschreibt die dynamische und komplexe Wechselwirkung zwischen verschiedenen Gesundheitskomponenten. Diese Klassifikation ist nicht allein für die medizinische Forschung und Praxis wichtig. Vielmehr zeigt sie eine wichtige Entwicklung – wenn nicht gar einen Paradigmenwechsel – in unserem allgemeinen Verständnis von Gesundheit und Funktionsfähigkeit. Besonders deutlich wird dies, wenn man die ICF-Klassifikation mit den ihr vorausgehenden Klassifikationen vergleicht. Diese skizzierten noch eine Kausalkette von einer Krankheit (z.B. einer Kniegelenkarthrose) zu Behinderungen (z. B. Problemen beim Gehen) und Einschränkungen der Teilhabe im Alltag (z. B. beim Einkaufen, sozialen Aktivitäten), so als wäre diese Reihung eine geradezu zwangsläufige Abfolge. Demgegenüber geht die ICF nicht mehr von einer Kausalkette aus. Vielmehr betont sie, wie stark personenbezogene Faktoren und Umweltfaktoren dazu beitragen, ob und in welchem Ausmaß sich ein Gesundheitsproblem (z. B. eine Krankheit, Verletzung) auf alltägliche Aktivitäten und soziale Teilhabe auswirkt.

Zahlreiche solche personenbezogene und Umweltfaktoren spielen beispielsweise für eine Person mit Rollstuhl eine Rolle: Wie hoch ist beispielsweise die räumliche Barrierefreiheit, wie gut die Kostenübernahme für einen passenden Rollstuhl, wie viel soziale Unterstützung erfährt man und was trägt man selbst aktiv dazu bei, um Dinge verwirklichen zu können, die einem wichtig sind? Kurzum: Es geht um das dynamische Zusammenspiel vielfältiger Faktoren, die konzertiert darüber entscheiden, ob und in welcher Weise sich ein Gesundheitsproblem im Alltag auswirkt. Wie sehr wir andere Menschen in ihrem Bedürfnis nach Selbständigkeit unterstützen, sei es zum Beispiel durch private und professionelle Hilfen, durch medizinischen und technologischen Fortschritt oder durch Wohnungs- und Städtebau, ist nicht nur ein wichtiger Hebel, um Gesundheitsprobleme nicht zu Behinderungen und Einschränkungen in der sozialen Teilhabe werden zu lassen. Es ist auch ein Ausdruck dessen, wie mitmenschlich wir unsere Gesellschaft gestalten. Die Auflösung dieses letzten, kurzen Selbsttests findet sich auf Seite 102.

Kasten 3.1: Stimmt es oder stimmt es nicht? – Mythen und Wahrheiten über das Älterwerden (3)

1. Spätestens ab dem mittleren Lebensalter ist unsere Persönlichkeit ausgereift und verändert sich danach nicht mehr.
   ☐ ja   ☐ nein
2. Resilienz, also eine hohe psychische Widerstandsfähigkeit, lässt sich nicht erlernen.

Manche Menschen bringen diese Fähigkeit von Geburt an mit, andere nicht.
☐ ja   ☐ nein
3. Haben ältere Menschen einen Typ-2-Diabetes, lässt sich dieser nicht nur medikamentös behandeln, sondern auch heilen.
☐ ja   ☐ nein
4. Damit körperliche Aktivität gesundheitsförderlich ist, sollte die Mindestempfehlung von 150 Minuten Aktivität pro Woche erreicht werden.
☐ ja   ☐ nein
5. Unsere persönliche Sicht auf das Älterwerden lässt sich nicht verändern, da sie vor allem auf unseren bisherigen Lebenserfahrungen beruht.
☐ ja   ☐ nein

3.1   Warum es für Prävention nie zu spät ist

»Altsein ist ja ein herrliches Ding, wenn man nicht verlernt hat, was anfangen heißt.« Martin Buber (1878–1965)[13]

Es ist noch gar nicht allzu lange her, dass verschiedene Formen der Prävention unterschiedlichen Phasen des Lebenslaufs zugeordnet wurden: Primärprävention und damit die Verhinderung von Krankheiten wurde als Ziel bei Kindern und Jugendlichen formuliert. Sekundärprävention, also die Früherkennung und -behandlung von Erkrankungen, wurde hingegen dem mittleren Erwachsenenalter zugeordnet. Tertiärprävention (Rehabilitation) und damit die Minderung von Krankheitsfolgen, galt schließlich als zentrales Ziel bei

---

13 Quelle: Buber, M. (2001). Begegnung. Autobiographische Fragmente. Gütersloher Verlagshaus, Gütersloh, S. 67.

3.1 Warum es für Prävention nie zu spät ist

älteren Menschen. Diese Zuordnung bedeutet folgerichtig, dass Präventionsmaßnahmen für Heranwachsende eine gesundheitsbewusste Lebensweise und gesundheitsfördernde Lebensbedingungen in den Vordergrund rückten, während im Erwachsenenalter der Fokus auf Therapieansätze gerichtet wurde. Ein Grundgedanke dahinter ist, dass Primärprävention so früh wie möglich erfolgen soll, um Krankheiten wirksam vorzubeugen. Denn während bei Kindern vor allem Infektionserkrankungen auftreten, steigt im Laufe des Lebens die Wahrscheinlichkeit, eine oder mehrere chronische Erkrankungen zu entwickeln. Sind diese bereits vorhanden, sei es entsprechend zu spät für die Vorbeugung von Erkrankungen, so der Gedanke. Doch ist das wirklich so?

Mehrere Gründe sprechen dagegen. Zum einen kann gerade der Beginn einer chronischen Erkrankung eine gute Motivation sein, die Entwicklung einer weiteren chronischen Erkrankung vermeiden zu wollen. Hat jemand beispielsweise bereits eine koronare Herzkrankheit, ist es umso wichtiger, dass nicht zusätzlich ein Typ-2-Diabetes entsteht, da dieser das Risiko für einen Herzinfarkt oder einen Schlaganfall zusätzlich erhöhen würde. Hinzu kommt, dass heutzutage oftmals bereits Kinder chronische Erkrankungen und Risikofaktoren haben. Jedes vierte Kind im Alter zwischen sieben und zehn Jahren zeigt Anzeichen einer Allergie (Thamm et al., 2018) und jedes sechste Kind in diesem Alter hat Übergewicht (Schienkiewitz et al., 2019). Folgt man der Idee, nur bei Kindern Primärprävention zu betreiben, da sie noch keine Erkrankungen haben, müsste man konsequenterweise also Kinder ausschließen, die bereits Erkrankungen haben. Dies macht jedoch genauso wenig Sinn, wie ältere Menschen von primärer Prävention auszuschließen, da es in jedem Alter darum geht, das Entstehen von (weiteren) Krankheiten zu vermeiden.

Hinzu kommt, dass bis vor einigen Jahren chronische Krankheiten als statischer und damit dauerhafter, unveränderlicher Zustand betrachtet wurden. Inzwischen gibt es jedoch zunehmend Studien, die belegen, dass chronische Erkrankungen durch eine gesundheitsbewusste Lebensweise durchaus veränderbar sind – und zwar auch im höheren Erwachsenenalter. Die verschiedenen Facetten von Primär-,

Sekundär- und Tertiärprävention lassen sich gut unter dem Sammelbegriff der Gesundheitsförderung zusammenfassen. Gesundheitsförderung richtet den Blick stärker auf die Aufrechterhaltung von Gesundheit als auf die Vermeidung von Krankheit und folgt damit der Idee des bereits erläuterten »Dimmermodells«, das Gesundheit und Krankheit als ein Kontinuum betrachtet (▶ Kap. 1.1.). Demgegenüber orientiert sich der Präventionsbegriff am »Lichtschaltermodell« und damit der Zweiteilung in gesund oder krank. Erfolge der Prävention bemessen sich also oft daran, ob ein gesunder Mensch keine Krankheitsdiagnose bekommt oder auch daran, dass eine frühzeitig erkannte (z. B. Krebs-)Erkrankung behandelt wird und die Person anschließend als geheilt betrachtet wird. Erfolge der Gesundheitsförderung sind jedoch auch dann zu verzeichnen, wenn eine Person gesünder geworden ist, also auf dem Gesundheits-Krankheits-Kontinuum einen Fortschritt zeigt.

Erfolge der Prävention und Gesundheitsförderung bei chronischen Krankheiten

Typ-2-Diabetes war früher auch als Altersdiabetes bekannt, da er bei älteren Menschen gehäuft auftritt. Heute wird der Begriff Altersdiabetes in der Regel nicht mehr verwendet. Zum einen, da Typ-2-Diabetes zunehmend auch in jüngeren Altersgruppen auftritt, einschließlich Kindern und Jugendlichen. Zum anderen, weil der Begriff Altersdiabetes nahelegt, die Erkrankung sei im Alter »normal«. Rund jede fünfte Person ab dem Alter von 65 Jahren hat Diabetes (der weit überwiegende Teil hat Typ-2-Diabetes; Heidemann et al., 2021.) Früher war man der Auffassung, es handele sich um eine unheilbare, chronische Erkrankung. Inzwischen mehren sich jedoch Erkenntnisse darüber, dass Typ-2-Diabetes nicht nur im Vorfeld vermeidbar, sondern auch dann noch veränderbar und sogar heilbar ist, wenn er bereits besteht (Hallberg et al., 2019). Der Haupthebel, der zu diesem Erfolg führt, ist eine Gewichtsabnahme – je nach Ausgangsgewicht einer Person durch eine kohlenhydratarme Ernährung, eine allgemein kalorienreduzierte Diät, durch Medikamente (z. B. Semaglutid) oder eine gewichtsreduzierende (bariatrische) Operation, letzteres im Fall von starkem Übergewicht (Adipositas). In der gängigen Praxis werden häufig Medikamente verschrieben, um Diabetes zu behandeln. Dadurch lässt er sich allerdings nicht heilen.

Eine weitere Erkrankung, die seit Jahren in der Bevölkerung zunimmt, ist die nicht-alkoholische Fettleber. Sie ist die häufigste Lebererkrankung in Deutschland und hängt ebenfalls mit Übergewicht und Typ-2-Diabetes zusammen. Viele Menschen haben keine Beschwerden, so dass die Erkrankung häufig erst anhand von Blutwerten auffällt. Auch wenn man zunächst keine Beschwerden hat, sollte die Fettleber ernst genommen werden. Denn wenn sie sich entzündet, besteht die Gefahr von Leberkrebs oder einer Leberzirrhose und damit einer Schrumpfung bis hin zur vollständigen Zerstörung der Leber. Medikamentös lässt sich eine Fettleber nicht erfolgreich behandeln. Durch Veränderungen des Lebensstils wie beispielsweise Gewichtsreduzierung, Bewegung und Nikotinverzicht kann sich die Leber jedoch wieder vollständig erholen (Orci et al., 2016).

Schließlich kann Bluthochdruck ähnlich stark durch Änderungen des Lebensstils gesenkt werden, wie dies durch Medikamente der Fall ist. Sowohl Ausdauertraining als auch die Reduzierung des Alkoholkonsums – vor allem bei Personen, die mindestens zwei Gläser Alkohol am Tag trinken – senken deutlich den Blutdruck (Roerecke et al., 2017; Saco-Ledo et al., 2020).

Diese Beispiele demonstrieren, dass chronische Erkrankungen wie Diabetes und Fettleber sowie Risikofaktoren wie Bluthochdruck veränderbar sind. Der Begriff »chronisch« grenzt diese Erkrankungen damit vor allem von akuten Krankheiten ab; er sollte jedoch nicht automatisch mit »dauerhaft« und »unveränderbar« gleichgesetzt werden.

Die WHO trägt diesen Erkenntnissen in ihren neueren Konzepten Rechnung. Sie spricht mit Blick auf ein gesundes Älterwerden nicht mehr von Gesundheit als zentralem Kriterium, da diese noch zu häufig als reine Abwesenheit von Krankheit definiert wird. Vielmehr verwendet sie stattdessen den Begriff der funktionalen Fähigkeiten. Damit sind alle gesundheitsbezogenen Eigenschaften gemeint, die einer Person ermöglichen, das zu sein und zu tun, was ihr persönlich wichtig ist. Wichtig ist für viele Menschen neben der Erfüllung basaler Bedürfnisse (wie Essen und Trinken) auch Lernen, persönliche Weiterentwicklung, Entscheidungen treffen, mobil sein, soziale Beziehungen aufbauen und erhalten und sich an der Gesellschaft beteiligen. Funktionale Fähigkeiten resultieren dabei aus dem Zusammenspiel von mentalen und körperlichen Fähigkeiten einer Person (z. B. gehen, sehen, hören, denken, erinnern) und personen- und umweltbezogenen Faktoren. Zum Beispiel muss eine Person nicht nur Hilfe aus ihrem sozialen Netzwerk haben (Umwelt), sondern sie auch annehmen können (Person), damit sie tatsächlich davon profitiert.

Ein zweiter Grundgedanke beim Konzept der funktionalen Fähigkeiten ist die Vorstellung, dass jeder Mensch über eine Art Reservespeicher an Ressourcen verfügt, der im Fall der Fälle einsetzbar ist. Dieser Reservespeicher hilft Menschen, angesichts von Widrigkeiten im Leben funktionale Fähigkeiten aufrechtzuerhalten, wiederherzustellen oder negative Entwicklungen abzuschwächen. Menschen sind dem Altern also nicht einfach ausgesetzt – sie können unerwünschten Prozessen mit Hilfe ihrer Reservespeicher aktiv etwas entgegensetzen. Darauf verweist auch das angeführte Zitat von Martin Buber. Die Fähigkeit und Bereitschaft, immer wieder Neues anzufangen und dabei die vielfältigen eigenen Ressourcen zu nutzen, bereichert das Leben im Alter.

Prävention im Kontext der klinischen Versorgung

Mit Krankenhäusern verbinden die meisten von uns nicht Prävention, sondern die Versorgung kranker Menschen. Doch auch in diesem Rahmen wurden bedeutsame Präventionsansätze entwickelt. Ein solcher Ansatz ist die Prävention eines Delirs. Ältere Menschen haben insbesondere im Fall von Mehrfacherkrankungen, kognitiven Einschränkungen oder Gebrechlichkeit eine erhöhte Gefahr, im Krankenhaus ein akutes Delir zu bekommen. Dabei handelt es sich um einen Verwirrtheitszustand, der sich vor allem darin äußert, dass die Aufmerksamkeit einer Person beeinträchtigt ist. Ältere Menschen, die ein Delir erleben, stürzen häufiger, kommen häufiger (erneut) ins Krankenhaus, verlieren in der Folge des Delirs häufiger ihre Autonomie, erleben weitere kognitive Einbußen und versterben früher (Eckstein & Burkhardt, 2019). Mögliche Auslöser eines Delirs können beispielsweise Medikamente sein, oder auch Blutzuckerschwankungen, Infektionen oder ein Flüssigkeitsmangel. Wie das Auftreten eines Delirs durch Präventionsansätze vermieden werden kann, wird zunehmend erforscht. Zur Prävention von Delir werden Schulungen für das Krankenhauspersonal (u.a. Ärzte, Pflegepersonal, Physiotherapeuten) sowie gezielte Programme für ältere Patienten eingesetzt. Dazu zählen eine frühe Mobilisierung der Patienten nach einer Operation, kognitives Training, therapeutische Angebote, Flüssigkeitszufuhr sowie je nach Bedarf, auch Verbesserungen des Sehens und Hörens (z.B. durch Einsatz von Hilfsmitteln) und des Schlafs. Die Erfolge der Delirprävention sind beeindruckend: Studien zufolge kann dadurch rund die Hälfte der Delirerkrankungen vermieden werden – und das ganz ohne den Einsatz von Medikamenten (Hshieh et al., 2015).

Ein weiteres modernes Beispiel von Prävention im Kontext klinischer Versorgung ist die sogenannte *Prehabilitation*. Sie zielt darauf ab, die funktionalen Fähigkeiten von Menschen vor einer Behandlung (meist einer Operation) zu stärken, um damit den an eine Behandlung anschließenden Genesungsverlauf zu verbessern und operationsbedingte Probleme zu verringern. Prehabilitation wurde schon in unterschiedlichen Bereichen erprobt, zum Beispiel bei Krebserkrankungen, größeren Bauchoperationen, Operationen zum Knie- bzw. Hüftersatz sowie Operationen bei älteren, gebrechlichen Menschen. Prehabilitationsprogramme sind vielfältig und umfassen zum Beispiel die Förderung von körperlicher Aktivität, gezielten Muskelaufbau, Ernährungsberatung, Raucherentwöhnung, Alkoholentwöhnung, Training der Atemmuskulatur, psychologische Beratung oder eine Kombination verschiedener Programmmodule. Durch die unterschiedlichen Prehabilitationsprogramme und sehr unterschiedlichen Patientengruppen sind die Erfolge der Maßnahmen nur schwer direkt miteinander vergleichbar. Insgesamt zeigt Prehabilitation Erfolge mit Blick auf eine schnellere Genesung, weniger Komplikationen nach einer Operation und kürzere Krankenhausaufenthalte. Auch für gebrechliche, ältere Menschen scheint Prehabilitation eine gute Vorbereitung auf eine Behandlung zu sein (Baimas-George et al., 2020; Perry et al., 2021). Die beiden Beispiele der Delirprävention und Prehabilitation machen deutlich, wie vielversprechend das Ineinandergreifen von medizinischer Versorgung und Gesundheitsförderung sein kann.

Jede Person kann zudem selbsttätig durch die rechtzeitige Erstellung einer Patientenverfügung Prävention betreiben und damit für den klinischen Versorgungskontext vorsorgen. In einer Patientenverfügung wird schriftlich festgelegt, welche medizinischen Maßnahmen zu ergreifen oder zu unterlassen sind, sollte eine Person in eine Situation geraten, in der sie diese Entscheidung nicht mehr treffen oder äußern kann. Nur so können Ärzte im Ernstfall wissen, welche Behandlungen eine Person (nicht mehr) möchte. Bei Patientenverfügungen ist also die Initiative von uns allen gefragt, denn wir alle können unter Umständen sehr plötzlich in eine solche Situation kommen. In einer schriftlichen Patientenverfügung kann man vorsorglich festlegen, welche medizinischen Maßnahmen in welcher Situation durchzuführen oder zu unterlassen sind. Sofern die Festlegungen in einer Patientenverfügung auf die konkrete Behandlungssituation zutreffen, müssen sich die behandelnden Ärzte und Pfleger daran halten. Daten des Deutschen Alterssurveys aus den Jahren 2020/21 zufolge gaben rund 45 Prozent aller Menschen ab 50 Jahren in Deutschland an, eine Patientenverfügung zu haben, Frauen etwas häufiger als Männer (Wurm et al., 2023). Im Umkehrschluss kann dies bedeuten, dass Ärzte bei fünf von zehn Menschen ab dem Alter von 50 Jahren, die nicht mehr entscheidungsfähig sind, eine Behandlung einleiten, die nicht im Sinne der Patienten ist, da der Patientenwunsch nicht schriftlich niedergelegt wurde. Die Verbraucherzentralen haben inzwischen in Zusammenarbeit mit dem Bundesministerium der Justiz ein Online-Angebot »Patientenverfügung« erstellt, mit dessen Hilfe man individuell anhand von Bausteinen zusammenstellen kann, was in der eigenen Patientenverfügung geregelt sein sollte.[14] Zu empfehlen ist häufig jedoch ein Gespräch mit dem Hausarzt, alternativ auch mit einem Anwalt oder Notar, um die Konsequenzen der eigenen Entscheidungen besser verstehen und abschätzen zu können.

3.2 Aktivität bewegt viel

»Solange man neugierig ist, kann einem das Alter nichts anhaben.«
Burt Lancaster (1913-1994)[15]

Es ist eine große Errungenschaft der letzten rund 120 Jahre, dass viele Menschen erwarten können, lange zu leben. Bisher ist allerdings keine Wunderpille entwickelt worden, die garantieren könnte, dieses Leben auch in guter Gesundheit führen zu können. Doch mindestens zwei Faktoren gelten dabei in der Forschung inzwischen als gesichert: die Rolle unserer persönlichen Einstellungen (▶ Kap. 2.3) und die Bedeutung körperlicher Aktivität.

Studien zufolge zeigt sich für körperlich aktive Menschen eine geringere Verkürzung der Telomere (d. h. der Chromosomen-Enden ▶ Kasten 1.2) als bei inaktiven Menschen, was für ein langsameres Altern spricht. Im Hinblick auf körperliche Erkrankungen zeigten zahlreiche Studien, dass körperliche Aktivität die Risiken von Hüftfrakturen um rund 70 Prozent senken können, von Typ-2-Diabetes um 40 Prozent und von Herz-Kreislauf-Erkrankungen um 35 Prozent.

In Fachkreisen gilt die Regel: »Was gut für das Herz ist, ist auch gut für den Kopf.« Deshalb verwundert es nicht, dass auch das Risiko

---

14 siehe www.verbraucherzentrale.de/patientenverfuegung-online
15 Quelle: https://gutezitate.com/zitat/242582 (Januar 2023)

einer Demenz durch körperliche Aktivität deutlich gesenkt werden kann (um rund 30 Prozent; Bauman et al., 2016). Körperliche Inaktivität erweist sich damit als der wichtigste vermeidbare Risikofaktor einer Demenz. Andere Studien untersuchten kognitive Fähigkeiten, die beim Älterwerden potentiell schlechter werden und die wichtig im Alltag sind. Dazu zählen die sogenannten exekutiven Funktionen, wie die kurzfristige Merkfähigkeit, Konzentrationsfähigkeit sowie das Planen und Priorisieren von Dingen. Es zeigte sich, dass körperliche Aktivität auch deutlich zur Verbesserung solcher exekutiven Funktionen beiträgt (Chen et al., 2020).

Körperliche Aktivität schützt zudem vor verschiedenen Formen von Krebserkrankungen wie Brust- und Darmkrebs. Intensivere körperliche Aktivität kann das Risiko eines Schlaganfalls um rund 20 Prozent senken. Das Risiko einer Parkinson-Erkrankung sinkt um 20 bis 30 Prozent. Mit Blick auf psychische Erkrankungen zeigen sich ähnliche Ergebnisse: Auch das Risiko, an einer Depression zu erkranken, liegt bei körperlich aktiven Menschen um 20 Prozent niedriger (Schuch et al., 2018).

Eindrucksvoll ist ebenfalls, dass selbst mäßig körperlich aktive Menschen, die also zum Beispiel regelmäßig spazieren gehen, ein nur halb so großes Risiko wie inaktive Menschen haben, körperliche Funktionseinschränkungen zu erleben (Paterson & Warburton, 2010). Ebenso können durch körperliche Aktivität rund 30 Prozent der Stürze vermieden werden. Gut sind dabei besonders Aktivitäten, die Balance- und Koordinationsübungen enthalten (Sherrington et al., 2020). Auch das Risiko von Gebrechlichkeit kann deutlich gesenkt werden (Oliveira et al., 2020). Gebrechlichkeit ist Ausdruck eines Verlustes verschiedener persönlicher Reserven, der zu körperlicher und geistiger Schwäche und Energieverlust führt. Schließlich fördert körperliche Aktivität den Schlaf (Vanderlinden et al., 2020) und insgesamt das Wohlbefinden, unabhängig davon, wie (in-)aktiv eine Person zuvor war und auch unabhängig davon, wie jung oder alt eine Person ist (Buecker et al., 2021).

Körperliche Aktivität trägt also in vielfältiger Weise zu einem gesunden Älterwerden bei. Sie lässt uns langsamer altern, schützt vor körperlichen und psychischen Erkrankungen, vor körperlichen und kognitiven Einschränkungen, vor Stürzen und Gebrechlichkeit, sie fördert das Wohlbefinden und die Schlafqualität sowie die Aufrechterhaltung der Mobilität und überhaupt aller Aktivitäten im täglichen Leben. Vor diesem Hintergrund wird regelmäßig von Experten gerne das Fazit gezogen (Gibson-Moore, 2019): Wäre körperliche Aktivität ein Medikament, würden wir von ihm als Wundermittel sprechen! Es ist also nicht allein die von Burt Lancaster herausgehobene Neugier, die uns im Alter schützt, sondern auch unsere körperliche Aktivität.

Mind the gap: Die Lücke zwischen Bewegungsempfehlungen und Aktivität

Wenn körperliche Aktivität so viele positive Wirkungen hat, drängt sich die Frage auf, wie viel man körperlich aktiv sein sollte. Gilt dabei die Regel, viel hilft viel? Oder darf es auch weniger sein?

Unter dem Oberbegriff körperlicher Aktivität werden verschiedene Formen von Bewegung zusammengefasst. Einbezogen werden dabei Freizeitaktivitäten wie Wandern oder Ballsport und Alltagsaktivitäten wie Treppensteigen oder Haushaltstätigkeiten. Hinzu kommen auch Aktivitäten zur Fortbewegung wie Zufußgehen und Radfahren und gegebenenfalls auch berufliche Aktivitäten. Den aktuellsten Empfehlungen der Weltgesundheitsorganisation zufolge (WHO, 2020) sollten Erwachsene ab 18 Jahren mindestens 150 bis 300 Minuten (also 2,5 bis 5 Stunden) pro Woche mäßig intensiv körperlich aktiv sein oder 75 bis 150 Minuten mit hoher Intensität. Was mäßige und hohe Intensität sind, kann man sich anhand einer Skala von 0 bis 10 der eigenen körperlichen Kapazität vorstellen. Gemessen an den eigenen Möglichkeiten meint »0« keinerlei Anstrengung, »10« die für einen selbst maximal mögliche Anstrengung. Mäßig aktiv ist eine Person dann, wenn sie einer Aktivität auf ihrer persönlichen Skala einen Wert von »5« oder »6« gibt. Das kann zum Beispiel bedeuten, dass man leicht ins Schwitzen und außer Atem kommt. Gibt jemand auf seiner Anstrengungsskala den Wert von »7« oder »8« an, dann handelt es sich um eine intensive Aktivität. Häufig kommt man durch solche Ausdaueraktivitäten deutlich außer Atem und ins Schwitzen. Darüber hinaus empfiehlt die WHO, mindestens zweimal wöchentlich muskelkräftigende Aktivitäten auszuüben. Doch damit ist es noch nicht ganz getan. Zumindest nicht für jene, die eine oder mehrere chronische Krankheiten haben oder mindestens 65 Jahre alt sind. Ihnen empfiehlt die WHO, an mindestens drei Tagen pro Woche eine Aktivitätsform zu wählen, die neben einem Kraft- auch ein Balancetraining einbezieht, zum Beispiel Rückwärtslaufen, auf einem Bein stehen oder Tanzen. Wer kann und mag, kann die Aktivitätszeit über die genannten 300 Minuten mäßiger oder 150 Minuten intensiver Aktivität weiter ausdehnen.

Für manche Menschen mag das nach sehr viel Aktivität klingen. Für sie enthalten die neuesten Empfehlungen der WHO aber zwei gute Nachrichten: Zum einen beziehen sich die Empfehlungen nicht mehr nur auf *sportliche* Aktivitäten, sondern auf *körperliche* Aktivitäten aller Art und damit auch auf solche, die nicht einem gezielten Sportprogramm folgen, sondern Teil des normalen Alltags sind (oder werden können) wie zum Beispiel Treppensteigen oder zur Bushaltestelle gehen. Zum anderen weiß man inzwischen, dass bereits leichte und ganz kurze Aktivitäten einen Gesundheitsvorteil bringen. Vor gut einem Jahrzehnt war man hingegen noch der Ansicht, eine Aktivität müsse mindestens 10 Minuten am Stück ausgeübt werden, damit sie überhaupt eine Wirkung erziele. Aktuellem Wissensstand zufolge bringt auch langsames Gehen und selbst Stehen Vorteile für die Gesundheit gegenüber einem überwiegend sitzenden Lebensstil, den viele im heutigen Medienzeitalter leben. Besonders ermutigend sind die Erkenntnisse zum Dosis-Wirkungs-Zusammenhang. Demnach lassen sich sogar die größten Gesundheitsgewinne erzielen, indem man von einem sitzenden Lebensstil tendenziell in Richtung der empfohlenen 150 Minuten körperlicher Aktivität pro Woche kommt. Ist man darüber hinaus aktiv, ist das noch besser für die Gesundheit. Mit körperlichen Aktivitäten von deutlich mehr als 300 Minuten pro Woche erzielt man dagegen kaum weitere positive

Effekte für die Gesundheit. Die potentiellen Risiken für die Gesundheit, unter anderem durch Verletzungen oder Unfälle, steigen jedoch an.

Es gibt also einen Dosis-Wirkungs-Zusammenhang, der nicht einfach der Regel »viel hilft viel« folgt: Es hilft bereits viel, wenn körperlich inaktive Menschen überhaupt aktiv werden, auch wenn sie deutlich unter den empfohlenen 150 Minuten moderater Aktivität pro Woche bleiben. Und sehr viel Aktivität bringt vergleichsweise wenig Zusatznutzen für die Gesundheit, kann stattdessen die gesundheitlichen Risiken erhöhen.

Wie viele Menschen folgen nun der WHO-Empfehlung, mindestens 150 Minuten pro Woche körperlich aktiv zu sein? Bei den 30- bis 64-Jährigen gilt dies für knapp jede zweite Person, bei den 65-Jährigen und Älteren nur für etwa jede dritte Person (Robert Koch-Institut, 2022). Berücksichtigt man zusätzlich, ob Menschen auch den Empfehlungen zur Muskelkräftigung folgen, fällt die Zahl geringer aus. Bei den ab 65-Jährigen erfüllt nur jede fünfte bis sechste Person die WHO-Empfehlung zu Ausdaueraktivität *und* Muskelkräftigung.

Schritte hin zu mehr körperlicher Aktivität

10.000 Schritte am Tag – ein griffiger Leitsatz, den viele Menschen kennen. Manche motiviert dies dazu, anhand von Fitness-Trackern oder Mobiltelefonen nachzuverfolgen, wie viele Schritte sie pro Tag zurücklegen. Für andere ist diese Schrittzahl hingegen nicht erstrebenswert oder sogar entmutigend, da sie als unerreichbar erlebt wird. Für Letztere mag hilfreich sein zu wissen, dass es keine wissenschaftliche Grundlage für genau diese Schrittzahl gibt. Wie bereits beim Dosis-Wirkungs-Zusammenhang erläutert, ist es für jemanden, der sich nur wenig bewegt, schon ein großer gesundheitlicher Gewinn, etwas mehr Bewegung in den Alltag zu bringen. Das mag der morgendliche Gang (oder die Fahrradstrecke) zum Bäcker sein, anstatt das Auto zu nehmen, ein Einbeinstand beim Zähneputzen als Balanceübung oder die Entscheidung, dort, wo Aufzüge und Rolltreppen mit Bequemlichkeit locken, sich im Regelfall dennoch fürs Treppensteigen zu entscheiden. Ob dies am Ende des Tages zu einem Anstieg von 3.000 Schritten führt oder dadurch die 10.000-Schritte-Grenze erreicht wird, entscheidet nicht darüber, ob sich die Bewegung positiv auswirkt, denn jeder Schritt mehr ist gut für die Gesundheit. Manch einem hilft es jedoch, sich ein konkretes und realistisches Ziel zu setzen, um am Ende eines Tages (oder einer Woche) abgleichen zu können, ob man das persönlich gesetzte Ziel tatsächlich erreicht hat.

Zahlreiche Studien (auch solche der Autorin dieses Buches) haben sich damit beschäftigt, welche Ansatzpunkte und Programmangebote hilfreich sein können, damit ältere Menschen körperlich (wieder) aktiver werden. Dabei zeigt sich, dass es dafür kein Patentrezept gibt. Vielmehr ist zentral, Wege zur Förderung körperlicher Aktivität auf eine Person möglichst genau maßzuschneidern, damit die Empfehlungen auch wirklich gut zur Person passen: Was sind die persönlichen Ziele einer Person, welche gesundheitlichen Voraussetzungen bringt sie mit, in welchem Umfeld lebt sie, was macht ihr Freude? Positive Stimmung ist ein Schlüsselfaktor zur Förderung von Verhaltensänderung. Wodurch diese entsteht, ist von Person zu Person sehr unterschiedlich. Für manche entstehen positive Gefühle durch das Erreichen eines gesetzten Ziels (z. B. einer bestimmten Schrittzahl), für andere entsteht Freude vor allem durch die gemeinsame Aktivität mit anderen Menschen. Viele inaktive ältere Erwachsene verbinden körperliche Aktivität mit etwas Negativem. Manche denken, sie seien dafür zu alt oder es würde ihnen nichts mehr bringen, körperlich aktiver zu werden. Andere trauen sich Bewegung nicht zu, da sie diese mit Schmerzen verbinden oder Angst vor Stürzen und Verletzungen haben. Programmangebote zur Förderung körperlicher Aktivität haben sich am besten bewährt, wenn sie solche Barrieren und negativen Denkmuster gezielt ansprechen. Zudem sollten Programmangebote das Selbstvertrauen in die eigenen Fähigkeiten stärken und die positiven Seiten körperlicher Aktivität vermitteln. Neben Ansätzen, die eher auf hinderliche Denkmuster abzielen, sollten Angebote auch konkrete, verhaltensbezogene Komponenten enthalten, um Menschen darin zu unterstützen, aktiver zu werden (Chase, 2015). Es geht also um einen ganzheitlichen Ansatz, ähnlich wie dies bereits im 19. Jahrhundert im Rahmen von Kneipp-Kuren entwickelt wurde (▶ Kasten 3.2). Und schließlich braucht es auch etwas Geduld. Denn oftmals dauert es eine ganze Weile, bis ein körperlich aktiverer Alltag zunehmend selbstverständlich wird und lange entwickelte (Sitz-)Gewohnheiten in den Hintergrund treten. Und manchmal auch, bis jemand spürt, dass sich diese Veränderung wirklich lohnt.

Kasten 3.2: Zur Geschichte der Kneipp-Kur
In Form von Wellness-Produkten wie Badeessenzen oder Fußbecken in Spa-Bereichen sind viele Menschen schon einmal mit dem Namen Kneipp in Berührung gekommen. Der katholische Priester Sebastian Kneipp wurde 1821 in arme Verhältnisse hinein geboren – in einer Zeit, die von Industrialisierung und dürftigen hygienischen Verhältnissen geprägt war. Angeregt durch eine eigene schwere Erkrankung unternahm Kneipp 1849 erste Selbstversuche mit Wasserbehandlungen und beobachtete das Heilverhalten von Tieren. 1889 begann Kneipp in Wörishofen seinen Kurbetrieb. In einer Kurzeit von durchschnittlich zwei Monaten wurden allein 1892 über 12.000 Patienten behandelt – vor allem wegen Rheuma, Atemwegserkrankungen, Herz-Kreislauf-Erkrankungen und Infektionen. Die Mehrheit waren Männer und jüngere Menschen, bemerkenswerterweise kamen die Patienten aus allen sozialen Schichten. Kneipps Behandlungskonzept enthielt einfache, häuslich durchführbare und erschwingliche Heilverfahren. Dazu zählten kalte Güsse und Wassertreten, Heilkräuterbehandlungen, körperliche Bewegung, einfache und naturbelassene Ernährung, Mäßigung und Ausgewogenheit. Dies brachte Kneipp zu Lebzeiten Kritik und Skepsis von Vertretern der Hochschulmedizin ein. Auf diese Skepsis reagierte er durch die Zusammenarbeit mit Ärzten und die systematische Beobachtung und Dokumentation seiner Anwendungen.

> Solche ganzheitlichen Ansätze mit der Betonung von Balance und Naturnähe begegnen einem heute verbreiteten Bedürfnis nach einer ausgewogenen, entschleunigten Lebensführung in Harmonie mit der Natur.

3.3 Gesund Altern heißt auch, Altersdiskriminierung zu bekämpfen

»Wollen wir vermeiden, dass das Alter zu einer spöttischen Parodie unserer früheren Existenz wird, so gibt es nur eine einzige Lösung, nämlich weiterhin Ziele zu verfolgen, die unserem Leben einen Sinn verleihen: das hingebungsvolle Tätigsein für einzelne, für Gruppen oder für eine Sache, Sozialarbeit, politische, geistige oder schöpferische Arbeit.« Simone de Beauvoir (1908-1986)[16]

Bereits im Jahr 1969 und damit vor über einem halben Jahrhundert prognostizierte ein US-amerikanischer Wissenschaftler und Gerontologe, Robert N. Butler, dass wir uns bald neben Rassismus mit einer weiteren Bigotterie befassen müssten, und zwar *Ageism* (Butler, 1969). Es vergingen seitdem noch etliche Jahrzehnte, bis neben Rassismus (*racism*) und Sexismus (*sexism*) auch das Problem des Ageism eine breitere öffentliche Aufmerksamkeit erlangte. Ageism beschreibt die Benachteiligung einer Person aufgrund ihres Alters. Dazu zählen vielfältige Formen der Diskriminierung. Neben diskriminierenden Verhaltensweisen, die mit dem Begriff der Altersdiskriminierung beschrieben werden, zählen dazu auch negative Denkmuster über andere Menschen aufgrund ihres Alters (Altersstereotype) und negative, alternsbezogene Selbstwahrnehmungen, deren Rolle für Ge-

---

16 Quelle: De Beauvoir, S., dt. von Aigner-Dünnwald, A., Henry, R. (2004). Das Alter: Essay. Reinbek bei Hamburg. Rowohlt, S. 464.

3.3 Gesund Altern heißt auch, Altersdiskriminierung zu bekämpfen

sundheit und Langlebigkeit dieses Buch bereits verdeutlicht hat. Um die Breite der verschiedenen Formen von Alters(selbst)diskriminierung zu beschreiben, wird im Folgenden der Begriff Ageism verwendet, da es bisher keine etablierte deutsche Übersetzung des Begriffes gibt.

Ageism findet sich in vielfältigen Bereichen, unter anderem im Arbeitskontext (z. B. in der Personalauswahl und -entwicklung), in Banken (z. B. bei Fragen der Kreditwürdigkeit), im Bereich von Gesundheitsversorgung und Pflege ebenso wie in der Politik, in (sozialen) Medien, Werbung und ganz allgemein in unserer Sprache (Ayalon & Tesch-Römer, 2018).

Zu Beginn der Covid-19-Pandemie wurden alte Menschen von der Politik beispielsweise pauschal zur »vulnerablen Gruppe« erklärt. In anderen Ländern wie den USA wurde unter Twitter-Hashtags wie *#BoomerRemover* das Virus zynisch als sinnvoll diskutiert, um die alternde Babyboomer-Generation zu dezimieren, denn diese belaste das Gesundheits- und Steuersystem und verhindere politischen Wandel durch ihre konservative Haltung (Meisner, 2020). Medienberichte zu Triage in der Versorgung von Covid-19-Erkrankten in Ländern wie Italien, Frankreich oder England führten auch in Deutschland zu Diskussionen um Gesundheitsrationierungen zulasten alter Menschen. Doch nicht erst die Pandemie hat negative Altersstereotype sprachlich verstärkt und damit auch zu Debatten um Gesundheitsrationierung geführt – sie wirkte hier nur wie ein Brennglas. Denn bereits vor rund 20 Jahren wurde die politische Debatte um altersabhängige Gesundheitsrationierungen geführt. So wurde zum Beispiel die Finanzierung von Zahnprothesen und künstlichen Hüftoperationen durch Krankenkassen bei Menschen ab 85 Jahren in Frage gestellt.

Wie stark die Sprache transportiert, was wir von älteren Menschen denken und halten, wird seit Jahren im klinischen Versorgungs- und Pflegekontext untersucht. Analysiert wurde insbesondere die Kommunikation mit dementiell erkrankten älteren Menschen. Dabei zeigte sich ein besonderer Sprachstil, der im angloamerikanischen Sprachraum als »*elderspeak*« bezeichnet wird, im deutschen als sekundäre Babysprache. Gemeint sind dabei sprachliche Anpassungen jüngerer Menschen in der Kommunikation mit älteren: Sie sprechen beispielsweise langsamer und lauter, teilweise mit höherer Stimme, mit kürzeren Sätzen und mehr Wiederholungen. Sie wählen auch häufiger Wir-Formen, Verniedlichungen und Worte aus der Kindersprache (z. B. »Haben wir ein Aua am Füßchen?«). Eine Reihe von Studien konnte zeigen, dass dies bei Menschen mit einer dementiellen Erkrankung zu deutlichen Abwehrreaktionen führt und damit den Pflegealltag deutlich erschwert (Zhang et al., 2020). Andere Studien belegen, dass nicht nur in Pflegeeinrichtungen, sondern auch in Akutkrankenhäusern eine solche bevormundende Sprache zum Alltag zählt, und zwar sowohl bei Menschen mit kognitiven als auch körperlichen Einschränkungen (z. B. Schnabel et al., 2021).

Auch im allgemeinen Alltag erleben wir regelmäßig Sätze wie »Die Dame sieht aber gut aus für ihr Alter« oder »Toll, dass er das in seinem Alter noch macht«. Sätze, die aufs Erste positiv klingen, vermutlich auch so gemeint sind und dabei doch durch die Hintertür unsere negativen Altersstereotype offenbaren. Denn eine positive Aussage an das Alter zu koppeln, relativiert diese Aussage in einer jugendzentrierten Welt und macht deutlich, dass man die Dame nur für ihr Alter als gutaussehend bewertet, nicht jedoch ohne diese altersbezogene Einschränkung. Auch die verbreitete Nutzung des Wortes »noch« im Zusammenhang mit älteren Menschen spiegelt unsere überwiegend defizitorientierte Sicht auf das Alter wider, da das Wort »noch« einen Zustand oder Vorgang beschreibt, dessen Ende abzusehen ist.

Vielleicht wäre das nicht gar so schlimm, wüssten wir nicht inzwischen aus einer umfangreichen Zahl an Studien, dass solche und andere Formen von Ageism zu schlechterer Gesundheit und kürzerer Lebenszeit beitragen. Eine US-amerikanische Studie hat die Kosten von Ageism für das Gesundheitssystem kalkuliert und dafür acht der kostspieligsten Krankheiten bei Menschen ab 60 Jahren betrachtet, unter anderem Herz-Kreislauf-Erkrankungen sowie Muskel- und Skeletterkrankungen. Die Studie zeigte, dass jeder siebte Dollar, den diese Krankheiten kosten, auf Folgen von Ageism zurückzuführen ist

3.3 Gesund Altern heißt auch, Altersdiskriminierung zu bekämpfen

– insgesamt 63 Milliarden Dollar pro Jahr! Die größten Kosten entstehen dabei durch die gesundheitsschädigenden Effekte unserer negativen Vorstellungen vom eigenen Älterwerden, gefolgt von negativen Altersstereotypen und schließlich infolge von Altersdiskriminierung (Levy et al., 2018). Ageism zu reduzieren lohnt sich für unsere Gesellschaften damit nicht nur in sozialer Hinsicht, sondern auch in monetärer. Damit profitierten wir alle von weniger Ageism, ganz unabhängig davon, ob wir bereits heute, in naher oder erst in ferner Zukunft zur Gruppe der älteren Menschen zählen.

Alters(selbst)diskriminierung bekämpfen – aber wie?

Im Jahr 2021 begann das von den Vereinten Nationen zur »Dekade des gesunden Älterwerdens« erklärte neue Jahrzehnt. Im gleichen Jahr veröffentlichte die WHO ihren weltweiten Bericht zu Ageism und startete eine Kampagne mit dem erklärten Ziel, Ageism zu bekämpfen. Diese Kampagne beschreibt sieben Wege, die zur Bekämpfung von Ageism beitragen:

1. Erkennen, Infragestellen und Ändern von Einstellungen, derer man sich selbst nicht unmittelbar bewusst ist (z.B. die Ansicht, bestimmte Dinge seien ab einem bestimmten Alter »zu spät«),
2. Aktivierung und Stärkung positiver Alter(n)sstereotype,
3. Gesellschaftliche Veränderungen, z.B. in Bildungseinrichtungen, um negative Altersbilder zu reduzieren,
4. Veränderung sozialer Normen,
5. Gesetze und Rechtsvorschriften gegen Altersdiskriminierung,
6. Intergenerationale Aktivitäten,
7. Medienkampagnen.

3 Möglichkeiten der Vorsorge für das Alter

> **Kasten 3.3: Stimmt es oder stimmt es nicht? – Mythen und Wahrheiten über das Älterwerden: Auflösung (3)**
>
> 1. Spätestens ab dem mittleren Lebensalter ist unsere Persönlichkeit ausgereift und verändert sich danach nicht mehr.
>   → Mythos: Früher dachte man, die Persönlichkeit reife im Laufe von Kindheit und Jugend heran und wäre danach zunehmend stabil. Neuere Studien belegen jedoch, dass sich unsere Persönlichkeit bis ins Alter hinein verändert und verändern lässt. Wir sind also in unserer eigenen Art deutlich flexibler und verändern uns mehr, als wir denken. Unsere Vorstellung von älteren Menschen ist häufig jedoch weiterhin, dass sie sich nicht mehr ändern (können) – tun sie es doch, wird dies nicht selten eher argwöhnisch betrachtet (sie war schon immer sehr ängstlich, er schon immer ein Griesgram). Wir sollten uns selbst und anderen offen begegnen, denn diese und andere Eigenschaften sind veränderbar (Bleidorn & Hopwood, 2021).
> 2. Resilienz, also eine hohe psychische Widerstandsfähigkeit, lässt sich nicht erlernen. Manche Menschen bringen diese Fähigkeit von Geburt an mit, andere nicht.
>   → Mythos: Resilienz wurde tatsächlich lange Zeit als eine Eigenschaft betrachtet, die manche Menschen haben, andere nicht. Neuere Ansätze bemessen Resilienz jedoch vielmehr daran, wie es einer Person nach einem traumatischen Ereignis, einer Krankheit oder einer herausfordernden Veränderung im Leben geht (Kalisch et al., 2017). Ist sie dadurch wenig belastet oder erholt sich von diesem Stress relativ schnell, wird das als Resilienz bezeichnet. Verschiedene Ressourcen und Strategien können Menschen darin unterstützen, resilient auf Herausforderungen zu reagieren. Damit sind weder jüngere noch ältere Menschen pauschal resilient oder vulnerabel. Wie resilient eine Person auf eine Herausforderung reagiert, hängt in jedem Alter mit von ihrem sozialen Umfeld und der konkreten Herausforderung ab.

3.3 Gesund Altern heißt auch, Altersdiskriminierung zu bekämpfen

3. Haben ältere Menschen einen Typ-2-Diabetes, lässt sich dieser nicht nur medikamentös behandeln, sondern auch heilen.
→ Wahrheit: Wie bereits erläutert (▶ Kap. 3.1) zeigen Studien, dass Typ-2-Diabetes durch eine konsequente Lebensstiländerung tatsächlich geheilt werden kann (Hallberg et al., 2019).
4. Damit körperliche Aktivität gesundheitsförderlich ist, sollte die Mindestempfehlung von 150 Minuten Aktivität pro Woche erreicht werden.
→ Mythos: Früheren Regeln zufolge sollte man mindestens 10 Minuten am Stück körperlich aktiv sein, um gesundheitlich überhaupt etwas zu bewirken. Heutige Empfehlungen gehen davon aus, dass jegliches »Mehr« an Aktivität auch gesundheitliche Gewinne bringt (WHO, 2020). Es gibt also keine Mindestgrenze, die man erreichen muss, um eine gesundheitsfördernde Wirkung zu erzielen. Deshalb ist es tatsächlich in keinem Alter zu spät, körperlich aktiver zu werden. Und jeder Schritt mehr zählt.
5. Unsere persönliche Sicht auf das Älterwerden lässt sich nicht verändern, da sie vor allem auf unseren Lebenserfahrungen beruht.
→ Mythos: Mehrere Studien zeigen, dass sich unsere Sicht auf das Älterwerden tatsächlich verändern lässt. Unsere Erfahrungen können wir nicht rückgängig machen, aber wir können etwas daran verändern, wie wir unsere Erfahrungen bewerten und was wir für unsere Zukunft erwarten (z. B. Beyer et al., 2019; Wolff et al., 2014).

Die im Laufe des Buches gestellten insgesamt 14 Fragen zu Mythen und Wahrheiten über das Älterwerden sind ein Beispiel dafür, wie wir unsere eigenen Einstellungen und unser teilweise fehlerhaftes oder veraltetes Wissen erkennen und in Frage stellen können.

Diesen Ansatz nutzten auch zwei Interventionsstudien der Autorin dieses Buches, die darauf ausgerichtet waren, ältere Menschen zu mehr Aktivität in ihrem Alltag zu ermutigen. Im Rahmen dieser

3 Möglichkeiten der Vorsorge für das Alter

Studien wurde unter anderem untersucht, ob sich Altersbilder gezielt verändern lassen. In der ersten Studie ging es vor allem darum, ältere Menschen zu mehr Bewegung oder freiwilligem Engagement anzuregen. Die rund 300 älteren Teilnehmenden wurden per Zufall einer von vier Gruppen zugeteilt: Gruppe 1 erhielt eine Gruppensitzung, in der es um körperliche Aktivität ging. Zusätzlich wurden verbreitete Mythen über das Alter anhand neuster wissenschaftlicher Erkenntnisse widerlegt und positive Alter(n)sstereotype (z.B. wachsende Erfahrung, Gelassenheit älterer Menschen) im Rahmen von Gruppengesprächen aktiviert. Gruppe 2 erhielt ebenfalls eine Gruppensitzung, in der es um körperliche Aktivität ging, aber statt Altersbilder zu thematisieren, wurden hier konkrete Pläne zu (selbstgewählten) Aktivitäten entwickelt. Teilnehmende der Gruppe 3 nahmen an einer Gruppensitzung teil, die zu mehr freiwilligem Engagement anregen sollte. Eine vierte Gruppe nahm an keiner Gruppensitzung teil. Sie erhielt am Ende der Studie lediglich Informationsmaterial rund um die Themen körperliche Aktivität und freiwilliges Engagement.

Diese Studie konnte zeigen: Nur die Teilnahme an der Gruppensitzung zur Förderung von körperlicher Aktivität und positiven Altersbildern (Gruppe 1) führte tatsächlich zu einer Verbesserung der Altersbilder sechs Wochen nach der Gruppensitzung. Bemerkenswert ist zudem: Nur die Teilnehmenden aus Gruppe 1 steigerten ihre körperliche Aktivität um rund 45 Minuten pro Woche innerhalb der folgenden zehn Monate (Wolff et al., 2014). Für die anderen Gruppen zeigte sich keine Veränderung der körperlichen Aktivität. Altersbilder lassen sich also nicht nur zum Positiven verändern, sondern können zugleich zu mehr Aktivität beitragen.

Auch in einer zweiten Interventionsstudie ging es darum, Altersbilder zu verändern und körperliche Aktivität zu fördern. Dieses Mal wurden ältere, gesundheitlich beeinträchtigte Personen mit Sturzangst per Zufall einer von zwei Gruppen zugeordnet. Teilnehmende der Gruppe 1 erhielten über 12 Wochen hinweg ein Sturzpräventionsprogramm, angeleitet durch eine zertifizierte Trainerin. An vier Terminen dieses Kurses erhielten sie 20-minütige Interventionen zur

Veränderung ihrer Altersbilder. Auch hier ging es zunächst darum, das eigene Wissen anhand des aktuellen Forschungsstandes zu hinterfragen, zudem Stereotype im Alltag zu beobachten, eine Technik zu erlernen, um negativen Altersstereotypen entgegenzutreten und positive Seiten des Alters gemeinsam in der Gruppe zu sammeln und zu besprechen. Gruppe 2 erhielt das gleiche Sturzpräventionsprogramm, jedoch ohne die zusätzlichen, kurzen Altersbilder-Module. Auch in dieser Studie konnten wir zeigen, dass sich Altersbilder nur bei Teilnehmenden von Gruppe 1 zum Positiven veränderten und damit nur bei jenen, die zusätzlich eine Altersbilder-Intervention erhielten; in Gruppe 2 zeigte sich keine Veränderung der Altersbilder. Die gemeinsame Aktivität im Rahmen des Sturzpräventionsprogramms allein reichte also nicht aus, um eine andere Sicht auf das Älterwerden zu entwickeln (Beyer et al., 2019).

Diese Ansätze geben Anlass zur Hoffnung, dass sich Vorstellungen vom eigenen Älterwerden gezielt verändern lassen. Ärzten und weiteren in der Gesundheitsversorgung tätigen Professionellen (u. a. in Gesundheits- und Krankenpflege, Physiotherapie) kommt dabei eine wichtige Rolle zu. Sie können Menschen darin bestärken, dass sie etwas für ihre Gesundheit tun können, und zwar auch dann, wenn Krankheiten oder Einschränkungen bestehen. Wie alle Menschen haben jedoch auch Professionelle in der Gesundheitsversorgung oftmals negative Altersstereotype. Es gilt, diese Stereotype kritisch zu reflektieren und sich ihrer Wirkung auf das Verhalten der Patienten bewusst zu machen.

Ein Anfang und Hoffnungsschimmer: Altersbilder verändern sich zum Positiven

In den letzten zwei Jahrzehnten haben sich in Deutschland die Vorstellungen vom eigenen Älterwerden verändert. Das machen bevölkerungsrepräsentative Daten deutlich. Demnach verbinden vor allem Menschen im Ruhestandsalter das Älterwerden heutzutage mehr mit persönlichen Gewinnen (z.B. dem Erlernen neuer Dinge, der Erweiterung eigener Fähigkeiten) und weniger stark mit körperlichen Verlusten (Beyer et al., 2017). Ein gleichermaßen positiver Trend lässt sich bisher für Menschen im Alter zwischen 40 und 65 Jahren nicht beobachten; für Personen unter 40 Jahren liegen keine vergleichbaren Daten vor. Die positiveren Vorstellungen der älteren Menschen sind jedoch ein wichtiger Anfang. Sie sind vermutlich auf mehrere Gründe zurückzuführen. Viele ältere Menschen kommen heutzutage gesünder ins Alter als noch ihre Eltern und Großeltern. Sie erleben, dass ihnen die nachberufliche Lebensphase die Möglichkeit bietet, persönliche Ziele und Interessen zu verfolgen. Auch die öffentliche Wahrnehmung und Darstellung von älteren Menschen hat sich in vielfältigen Bereichen verändert. Ältere Menschen tauchen in Film und Fernsehen und in der Werbung häufiger und in vielfältigeren Darstellungsformen auf als früher. Es geht nicht allein um Demenz, Pflege und Endlichkeit, sondern auch um Lebenslust, Liebe und Sexualität. Schließlich sind die gesellschaftlichen Normen dessen, was man im Alter (nicht mehr) macht, weniger geworden. Damit eröffnet sich ein breiterer Raum für die eigene Entscheidung, wie man das Alter verbringen möchte. Für manche mag es ein Traum sein, diese Lebensphase möglichst aktiv zu verbringen, andere genießen Ruhe und Kontemplation.

Einige der genannten sieben Wege zur Reduzierung von Ageism werden bereits beschritten, doch der Weg nach vorn wird noch einige Zeit und Aufmerksamkeit erfordern. Es wird noch einige Strategien und Ideen benötigen, um Ageism erfolgreich vorzubeugen und darauf zu reagieren. Dazu bedarf es auch weiterer Forschung, die in den vielfältigen Lebensbereichen untersucht, wo sich Ageism zeigt und inwieweit sich dieser verändert oder auch gezielt verändern lässt. Und wir benötigen andere Darstellungen und Erzählungen rund um das Älterwerden und Alter (WHO, 2021).

Dabei sollte das chronologische Alter zunehmend weniger im Mittelpunkt stehen. Es kann nicht mehr sein als eine grobe Richtschnur, da das Alter in keiner anderen Altersgruppe so wenig aussagekräftig ist wie bei älteren Menschen. Nicht allein, weil diese Lebensphase mehrere Jahrzehnte umfasst. Sondern auch, weil sich

3.3 Gesund Altern heißt auch, Altersdiskriminierung zu bekämpfen

Menschen gleichen Alters erheblich in ihrer körperlichen wie kognitiven Gesundheit unterscheiden und im Laufe des Lebens unterschiedliche Risiken und Ressourcen ansammeln (Fingerman & Trevino, 2020). Bewertungsmuster sollten sich deshalb stärker an verschiedenen Rollen, Bedarfen und Bedürfnissen von Menschen orientieren und nicht an ihrem Alter. Rollenbasierte Stereotype (z. B. Großmutter, Großvater) sind zudem weniger negativ besetzt als gängige Altersstereotype (Ng & Indran, 2022). Möchten wir, dass viele Menschen lange und gesund leben können, sollten wir über das Alter positiver zu denken beginnen und das beherzigen, was das Zitat von Simone de Beauvoir zu Beginn des Kapitels rät: nämlich Ziele zu verfolgen, die unserem Dasein einen Sinn geben und sich dabei den Gewinn der Hingabe an Personen, an Gruppen oder an Sachen nicht entgehen zu lassen.

Ähnlich wie bei anderen großen Themen unserer Zeit, wie bspw. dem Klimawandel, gilt es beim demografischen Wandel nicht nur in den Blick zu nehmen, was jeder einzelne von uns tun kann. Es geht auch um ein breites Umdenken von Politik und Wirtschaft. Es ist an der Zeit, die große Bedeutung des chronologischen Alters in Frage zu stellen und stattdessen die vielfältigen Bedarfe und Bedürfnisse von Menschen in den Blick zu nehmen – unabhängig von ihrem Alter. Das gilt für die Gesundheitsförderung ebenso wie für die medizinische und pflegerische Versorgung, für Fragen rund um das Erwerbsleben, zu Wohnformen oder auch zur Techniknutzung. Welche Angebote Menschen gemacht werden und was für sie vermeintlich richtig oder falsch ist, sollte nicht primär an ihrem Alter bemessen werden, sondern an dem, was sie wollen und benötigen. Die Corona-Pandemie hat verdeutlicht, dass Ansätze der Prävention nur begrenzten Erfolg zeigen, wenn paternalistische Fürsorge im Vordergrund steht. Sie ersetzt nicht die Notwendigkeit guter Kommunikation und den aktiven Einbezug jener Menschen und ihrer Angehörigen, die adressiert werden sollen. Maßnahmen der Prävention und Gesundheitsförderung allein am Alter festzumachen nährt zudem jenen Ageism, den es zu überwinden gilt. Während sich manche älteren Menschen fragten, ob sie tatsächlich als Erste eine Impfung gegen Covid-19 »verdient«

haben, fühlten sich manche jüngere Menschen mit schweren Vorerkrankungen von der Politik übersehen. Auch jenseits der Pandemie sind Präventionsangebote wie beispielsweise Seniorensportgruppen nur für einen Teil der älteren Menschen attraktiv, während andere solche Angebote vehement ablehnen (»So alt bin ich noch nicht«, »Da bin ich ja nur unter lauter alten Leuten«). Ältere Menschen wollen oftmals nicht als solche wahrgenommen werden. Jüngere Menschen werden mit ihren spezifischen Bedarfen teilweise übersehen. Beides kann Ausdruck, aber auch Nahrung für weiteren Ageism sein. Es ist dringend an der Zeit, der Vielfalt des Seins mehr Raum und Aufmerksamkeit zu schenken als der bloßen Zahl an Lebensjahren.

Oder um es mit dem Beginn des Buches zu sagen: Kaum, dass wir geboren sind, werden wir älter, das ganze Leben lang, bis zu seinem Ende. Vielleicht kann diese Sichtweise dazu beitragen, einen anderen Blick auf das Älterwerden zu entwickeln und uns dabei etwas zu lösen vom Maßstab des chronologischen Alters.

Literatur

Ayalon, L., & Tesch-Römer, C. (Eds.). (2018). Contemporary Perspectives on Ageism. *International Perspectives on Aging* (Vol. 19). Springer Open. https://link.springer.com/book/10.1007/978-3-319-73820-8

Baimas-George, M., Watson, M., Elhage, S., Parala-Metz, A., Vrochides, D., & Davis, B. R. (2020). Prehabilitation in Frail Surgical Patients: A Systematic Review. *World Journal of Surgery, 44*(11), 3668–3678. https://doi.org/10.1007/s00268-020-05658-0

Baltes, P. B., Reese, H. W., & Lipsitt, L. P. (1980). Life-span developmental psychology. *Annual Review of Psychology, 31*, 65–110.

Baird, B. M., Lucas, R. E., & Donnellan, M. B. (2010). Life satisfaction across the lifespan: Findings from two nationally representative panel studies. Social Indicators Research, 99(2), 183–203. doi:10.1007/s11205-010-9584-9

Bamia, C., Orfanos, P., Juerges, H., Schottker, B., Brenner, H., Lorbeer, R., Aadahl, M., Matthews, C. E., Klinaki, E., Katsoulis, M., Lagiou, P., Bueno-de-Mesquita, H. B. A., Eriksson, S., Mons, U., Saum, K. U., Kubinova, R., Pajak, A., Tamosiunas, A., Malyutina, S., ... Trichopoulos, D. (2017). Self-rated health and all-cause and cause-specific mortality of older adults: Individual data meta-analysis of prospective cohort studies in the CHANCES Consortium. *Maturitas, 103*, 37–44. https://doi.org/10.1016/j.maturitas.2017.06.023

Barford, A., Dorling, D., Davey Smith, G., & Shaw, M. (2006). Life expectancy: women now on top everywhere. *BMJ (Clinical research ed.), 332*(7545), 808–808. https://doi.org/10.1136/bmj.332.7545.808

Bauman, A., Merom, D., Bull, F. C., Buchner, D. M., & Fiatarone Singh, M. A. (2016). Updating the Evidence for Physical Activity: Summative Reviews of the Epidemiological Evidence, Prevalence, and Interventions to Promote »Active Aging«. *The Gerontologist, 56*(Suppl 2), S268–S280. https://doi.org/10.1093/geront/gnw031

Beyer, A.-K., Wolff, J. K., Freiberger, E., & Wurm, S. (2019). Are self-perceptions of ageing modifiable? Examination of an exercise programme with vs. without a self-perceptions of ageing-intervention for older adults. *Psychology & Health, 34*(6), 661–676. https://doi.org/10.1080/08870446.2018.1556273

Beyer, A.-K., Wurm, S., & Wolff, J. K. (2017). Älter werden – Gewinn oder Verlust? Individuelle Altersbilder und Diskriminierungserfahrungen. In K. Mahne, J. K.

Literatur

Wolff, J. Simonson, & C. Tesch-Römer (Eds.), *Altern im Wandel: Zwei Jahrzehnte Deutscher Alterssurvey (DEAS)* (S. 329–349). Springer VS.

Bickel, H. (2022). *Die Häufigkeit von Demenzerkrankungen (Informationsblatt 1)*. Retrieved from www.deutsche-alzheimer.de/fileadmin/alz/pdf/factsheets/info blatt1_haeufigkeit_demenzerkrankungen_dalzg.pdf. Deutsche Alzheimer Gesellschaft

Bleidorn, W., & Hopwood, C. J. (2021). Stability and change in personality traits over the lifespan. In D. P. McAdams, R. L. Shiner, & J. L. Tackett (Eds.), *Handbook of Personality Development* (pp. 237–252). Guilford Press.

Brandtstädter, J. (2007). Hartnäckige Zielverfolgung und flexible Zielanpassung als Entwicklungsressourcen: Das Modell assimilativer und akkomodativer Prozesse. In J. Brandtstädter & U. Lindenberger (Hrsg.), *Entwicklungspsychologie der Lebensspanne. Ein Lehrbuch* (S. 413–445). Kohlhammer.

Bu, F., Steptoe, A., & Fancourt, D. (2020). Who is lonely in lockdown? Cross-cohort analyses of predictors of loneliness before and during the COVID-19 pandemic. *Public Health, 186*, 31–34. https://doi.org/10.1016/j.puhe.2020.06.036

Buecker, S., Simacek, T., Ingwersen, B., Terwiel, S., & Simonsmeier, B. A. (2021). Physical activity and subjective well-being in healthy individuals: a meta-analytic review. *Health Psychology Review, 15*(4), 574–592. https://doi.org/10.1 080/17437199.2020.1760728

Butler, R. N. (1969). Age-ism: Another form of bigotry. *The Gerontologist, 9*(4, Part 1), 243–246. https://doi.org/10.1093/geront/9.4_Part_1.243

Chase, J. A. (2015). Interventions to Increase Physical Activity Among Older Adults: A Meta-Analysis. *Gerontologist, 55*(4), 706–718. https://doi.org/10.1093/geront/gnu090

Chen, F. T., Etnier, J. L., Chan, K. H., Chiu, P. K., Hung, T. M., & Chang, Y. K. (2020). Effects of Exercise Training Interventions on Executive Function in Older Adults: A Systematic Review and Meta-Analysis. *Sports Medicine, 50*(8), 1451–1467. https://doi.org/10.1007/s40279-020-01292-x

Cohen, R., Bavishi, C., & Rozanski, A. (2016). Purpose in Life and Its Relationship to All-Cause Mortality and Cardiovascular Events: A Meta-Analysis. *Psychosomatic Medicine, 78*(2), 122–133. https://doi.org/10.1097/PSY.0000000000000274

Crimmins, E. M., Shim, H., Zhang, Y. S., & Kim, J. K. (2019). Differences between Men and Women in Mortality and the Health Dimensions of the Morbidity Process. *Clinical Chemistry, 65*(1), 135–145. https://doi.org/10.1373/clinchem.2 018.288332

de Mestral, C., & Stringhini, S. (2017). Socioeconomic Status and Cardiovascular Disease: an Update. *Current Cardiology Reports, 19*(11), 115. https://doi.org/10.1 007/s11886-017-0917-z

Eckstein, C., & Burkhardt, H. (2019). Multicomponent, nonpharmacological delirium interventions for older inpatients : A scoping review. *Zeitschrift für Gerontologie und Geriatrie, 52*(Suppl 4), 229–242. https://doi.org/10.1007/s00391-019-01627-y

Fingerman, K. L., & Trevino, K. (2020, April 7). Don't lump seniors together on coronavirus. Older people aren't all the same. *USA Today.* www.usatoday.com/story/opinion/2020/04/07/coronavirus-seniors-lead-diverse-livesdeath-rate-varies-column/2954897001/

Freund, A. M., Hennecke, M., Brandstatter, V., Martin, M., Boker, S. M., Charles, S. T., Fishbach, A., Hess, T. M., Heckhausen, J., Gow, A. J., Isaacowitz, D. M., Klusmann, V., Lachman, M. E., Mayr, U., Oettingen, G., Robert, P., Rocke, C., Rothermund, K., Scholz, U., ... Zadeh, R. S. (2021). Motivation and Healthy Aging: A Heuristic Model. *Journals of Gerontology. Series B: Psychological Sciences and Social Sciences, 76*(Suppl 2), S97–S104. https://doi.org/10.1093/geronb/gbab128

Fries, J. F. (1980). Aging, natural death, and the compression of morbidity. *The New England Journal of Medicine, 329*, 110–116.

Galkin, F., Mamoshina, P., Aliper, A., de Magalhaes, J. P., Gladyshev, V. N., & Zhavoronkov, A. (2020). Biohorology and biomarkers of aging: Current state-of-the-art, challenges and opportunities. *Ageing Res Rev, 60*, 101050. doi:10.1016/j.arr.2020.101050

Gana, K., Bailly, N., Saada, Y., Joulain, M., & Alaphilippe, D. (2013). Does life satisfaction change in old age: results from an 8-year longitudinal study. *Journals of Gerontology. Series B: Psychological Sciences and Social Sciences, 68*(4), 540–552. doi:10.1093/geronb/gbs093

Gibson-Moore, H. (2019). UK Chief Medical Officers' physical activity guidelines 2019: What's new and how can we get people more active? *Nutrition Bulletin, 44*(4), 320–328. https://doi.org/10.1111/nbu.12409

Gruenberg, E. M. (1977). The failures of success. *Milbank Memorial Fund Quarterly/Health and Society, 55*(1), 3–24.

Hallberg, S. J., Gershuni, V. M., Hazbun, T. L., & Athinarayanan, S. J. (2019). Reversing Type 2 Diabetes: A Narrative Review of the Evidence. *Nutrients, 11*(4). https://doi.org/10.3390/nu11040766

Havighurst, R. J. (1981). *Developmental tasks and education.* New York: Longman.

Heidemann, C., Scheidt-Nave, C., Beyer, A.-K., Baumert, J., Thamm, R., Maier, B., Neuhauser, H., Fuchs, J., Kuhnert, R., & Hapke, U. (2021). Gesundheitliche Lage von Erwachsenen in Deutschland – Ergebnisse zu ausgewählten Indikatoren der Studie GEDA 2019/2020-EHIS. *Journal of Health Monitoring, 6*(3), 3–27. https://doi.org/10.25646/8456

Hshieh, T. T., Yue, J., Oh, E., Puelle, M., Dowal, S., Travison, T., & Inouye, S. K. (2015). Effectiveness of multicomponent nonpharmacological delirium interventions: a meta-analysis. *JAMA Intern Med, 175*(4), 512–520. https://doi.org/10.1001/jamainternmed.2014.7779

Huxhold, O., & Engstler, H. (2019). Soziale Isolation und Einsamkeit bei Frauen und Männern im Verlauf der zweiten Lebenshälfte. In C. Vogel, M. Wettstein, & C. Tesch-Römer (Eds.), *Frauen und Männer in der zweiten Lebenshälfte: Älterwerden im sozialen Wandel* (S. 71–89). Springer Fachmedien Wiesbaden. https://doi.org/10.1007/978-3-658-25079-9_5

Huxhold, O., & Tesch-Römer, C. (2021). Einsamkeit steigt in der Corona-Pandemie bei Menschen im mittleren und hohen Erwachsenenalter gleichermaßen deutlich. *DZA Aktuell, 4/2021.*

Kalisch, R., Baker, D. G., Basten, U., Boks, M. P., Bonanno, G. A., Brummelman, E., Chmitorz, A., Fernàndez, G., Fiebach, C. J., Galatzer-Levy, I., Geuze, E., Groppa, S., Helmreich, I., Hendler, T., Hermans, E. J., Jovanovic, T., Kubiak, T., Lieb, K., Lutz, B., ... Kleim, B. (2017). The resilience framework as a strategy to combat stress-related disorders. *Nature Human Behaviour, 1*(11), 784–790. https://doi.org/10.1038/s41562-017-0200-8

Kaspar, R., Wenner, J., & Tesch-Römer, C. (2022). Einsamkeit in der Hochaltrigkeit. Bundesministerium für Familie, Senioren, Frauen und Jugend; Universität zu Köln, Cologne Center for Ethics, Rights, Economics, and Social Sciences of Health (ceres); Deutsches Zentrum für Altersfragen. https://ceres.uni-koeln.de/fileadmin/user_upload/Bilder/Dokumente/NRW80plus_D80plus/20220126_D80__Kurzbericht-Nummer-4_Jan2022.pdf.

Kornadt, A. E., Kessler, E.-M., Wurm, S., Bowen, C. E., Gabrian, M., & Klusmann, V. (2020). Views on Aging: A life span perspective. European journal of ageing, 17, 387–401. https://doi.org/10.1007/s10433-019-00535-9

Kreft, D., & Doblhammer, G. (2022). Sex and Gender Differences in Environmental Influences on Dementia Incidence in Germany, 2014–2019: An Observational Cohort Study Based on Health Claims Data. *Journal of Alzheimer's Disease.* https://doi.org/10.3233/JAD-215030

Lampert, T., Hoebel, J., & Kroll, L. E. (2019). Soziale Unterschiede in der Mortalität und Lebenserwartung in Deutschland – Aktuelle Situation und Trends. *Journal of Health Monitoring, 4*(1), 1–15. https://doi.org/10.25646/5868

Leon, D. A. (2011). Trends in European life expectancy: a salutary view. *International Journal of Epidemiology, 40*(2), 271–277. https://doi.org/10.1093/ije/dyr061

Levy, B. R., Slade, M. D., Chang, E. S., Kannoth, S., & Wang, S. Y. (2018). Ageism Amplifies Cost and Prevalence of Health Conditions. *Gerontologist, 60(1), 174–181* https://doi.org/10.1093/geront/gny131

Levy, B. R., Slade, M. D., Kasl, S. V., & Kunkel, S. R. (2002). Longevity increased by positive self-perceptions of aging. *Journal of Personality and Social Psychology, 83*(2), 261–270. https://doi.org/10.1037/0022-3514.83.2.261

Levy, B. R., Slade, M. D., Pietrzak, R. H., & Ferrucci, L. (2020). When Culture Influences Genes: Positive Age Beliefs Amplify the Cognitive-Aging Benefit of APOE epsilon2. *Journals of Gerontology. Series B: Psychological Sciences and Social Sciences, 75*(8), e198–e203. https://doi.org/10.1093/geronb/gbaa126

Levy, B. R., Slade, M. D., Pietrzak, R. H., & Ferrucci, L. (2018). Positive age beliefs protect against dementia even among elders with high-risk gene. *PloS One, 13*(2), e0191004. https://doi.org/10.1371/journal.pone.0191004

Levy, B. R., Zonderman, A. B., Slade, M. D., & Ferrucci, L. (2009). Age stereotypes held earlier in life predict cardiovascular events in later life. *Psychological Science, 20*(3), 296–298.

Levy, B. R., Zonderman, A. B., Slade, M. D., & Ferrucci, L. (2012). Memory shaped by age stereotypes over time. *The Journals of Gerontology: Series B: Psychological Sciences and Social Sciences, 67B*(4), 432–436. https://doi.org/10.1093/geronb/gbr120

Maier, H., & Smith, J. (1999). Psychological predictors of mortality in old age. *Journal of Gerontology: Psychological Sciences, 54B*(1), P44–P54. https://doi.org/10.1093/geronb/54B.1.P44

Makris, U. E., Higashi, R. T., Marks, E. G., Fraenkel, L., Sale, J. E., Gill, T. M., & Reid, M. C. (2015). Ageism, negative attitudes, and competing co-morbidities – why older adults may not seek care for restricting back pain: a qualitative study. *BMC Geriatrics, 15*(39). https://doi.org/10.1186/s12877-015-0042-z

Manton, K. G. (1982). Changing concepts of morbidity and mortality in the elderly population. *Milbank Memorial Fund Quarterly/Health and Society, 60*(2), 183–244.

Meisner, B. A. (2020). Are You OK, Boomer? Intensification of Ageism and Intergenerational Tensions on Social Media Amid COVID-19. *Leisure Sciences, 43*(1–2), 56–61. https://doi.org/10.1080/01490400.2020.1773983

Mens, M. G., Wrosch, C., & Schaier, M. F. (2015). Goal Adjustment Theory. In S. K. Whitbourne (Ed.), *The Encyclopedia of Adulthood and Aging.* Wiley-Blackwell. https://doi.org/10.1002/9781118521373

Ng, R., & Indran, N. (2022). Role-Based Framing of Older Adults Linked to Decreased Ageism Over 210 Years: Evidence From a 600-Million-Word Historical Corpus. *The Gerontologist, 62*(4), 589–597. https://doi.org/10.1093/geront/gnab108

Literatur

Oliveira, J. S., Pinheiro, M. B., Fairhall, N., Walsh, S., Chesterfield Franks, T., Kwok, W., Bauman, A., & Sherrington, C. (2020). Evidence on Physical Activity and the Prevention of Frailty and Sarcopenia Among Older People: A Systematic Review to Inform the World Health Organization Physical Activity Guidelines. *J Phys Act Health, 17*(12), 1247–1258. https://doi.org/10.1123/jpah.2020-0323

Olshansky, S. J. (2018). From Lifespan to Healthspan. *JAMA, 320*(13), 1323–1324. https://doi.org/10.1001/jama.2018.12621

Orci, L. A., Gariani, K., Oldani, G., Delaune, V., Morel, P., & Toso, C. (2016). Exercise-based Interventions for Nonalcoholic Fatty Liver Disease: A Meta-analysis and Meta-regression. *Clinical gastroenterology and hepatology : the official clinical practice journal of the American Gastroenterological Association, 14*(10), 1398–1411. https://doi.org/10.1016/j.cgh.2016.04.036

Park, C., Majeed, A., Gill, H., Tamura, J., Ho, R. C., Mansur, R. B., ... McIntyre, R. S. (2020). The Effect of Loneliness on Distinct Health Outcomes: A Comprehensive Review and Meta-Analysis. *Psychiatry Research, 294*, 113514. https://doi.org/10.1016/j.psychres.2020.113514

Paterson, D. H., & Warburton, D. E. R. (2010). Physical activity and functional limitations in older adults: A systematic review related to Canada's Physical Activity Guidelines. *The International Journal of Behavioral Nutrition and Physical Activity, 7*(1):38. https://doi.org/10.1186/1479-5868-7-38

Perry, R., Herbert, G., Atkinson, C., England, C., Northstone, K., Baos, S., Brush, T., Chong, A., Ness, A., Harris, J., Haase, A., Shah, S., & Pufulete, M. (2021). Pre-admission interventions (prehabilitation) to improve outcome after major elective surgery: a systematic review and meta-analysis. *BMJ Open, 11*(9), e050806. https://doi.org/10.1136/bmjopen-2021-050806

Pinquart, M. (2001). Correlates of subjective health in older adults: a meta-analysis. *Psychology and Aging, 16*(3), 414–426. https://doi.org/10.1037//0882-7974.16.3.414

Reissmann, M., Oswald, V., Zank, S., & Tesch-Römer, C. (2022). Digitale Teilhabe in der Hochaltrigkeit. (D80+ Kurzberichte, 6). Köln: Bundesministerium für Familie, Senioren, Frauen und Jugend; Universität zu Köln, Cologne Center for Ethics, Rights, Economics, and Social Sciences of Health (ceres); Deutsches Zentrum für Altersfragen. https://nbn-resolving.org/urn:nbn:de:0168-ssoar-78429-7

Robert Koch-Institut. (2022). *Dashboard zu Gesundheit in Deutschland aktuell - GEDA 2019/2020*. DOI: 10.25646/9362

Robert Koch-Institut und die Gesellschaft der epidemiologischen Krebsregister in Deutschland e. V. (Ed.). (2019). *Krebs in Deutschland für 2015/2016*. RKI und GEKID.

Rodriguez, F. S., Matschinger, H., Angermeyer, M. C., Luck, T., & Riedel-Heller, S. G. (2018). Compression of cognitive morbidity by higher education in individuals aged 75+ living in Germany. *International Journal of Geriatric Psychiatry, 33*(10), 1389–1396. doi:10.1002/gps.4950

Roehr, S., Pabst, A., Luck, T., & Riedel-Heller, S. G. (2018). Is dementia incidence declining in high-income countries? A systematic review and meta-analysis. *Clinical Epidemiology, 10*, 1233–1247. https://doi.org/10.2147/CLEP.S163649

Roerecke, M., Kaczorowski, J., Tobe, S. W., Gmel, G., Hasan, O. S. M., & Rehm, J. (2017). The effect of a reduction in alcohol consumption on blood pressure: a systematic review and meta-analysis. *The Lancet Public Health, 2*(2), e108–e120. https://doi.org/10.1016/s2468-2667(17)30003-8

Saco-Ledo, G., Valenzuela, P. L., Ruiz-Hurtado, G., Ruilope, L. M., & Lucia, A. (2020). Exercise Reduces Ambulatory Blood Pressure in Patients With Hypertension: A Systematic Review and Meta-Analysis of Randomized Controlled Trials. *J Am Heart Assoc, 9*(24), e018487. https://doi.org/10.1161/JAHA.120.018487

Schienkiewitz, A., Damerow, S., Schaffrath Rosario, A., & Kurth, B.-M. (2019). Body-Mass-Index von Kindern und Jugendlichen: Prävalenzen und Verteilung unter Berücksichtigung von Untergewicht und extremer Adipositas. *Bundesgesundheitsblatt - Gesundheitsforschung - Gesundheitsschutz, 62*(10), 1225–1234. https://doi.org/10.1007/s00103-019-03015-8

Schilling, O. K., Deeg, D. J. H., & Huisman, M. (2018). Affective well-being in the last years of life: The role of health decline. *Psychology and Aging, 33*(5), 739–753. doi:10.1037/pag0000279

Schnabel, E.-L., Wahl, H.-W., Schmidt, T., Streib, C., & Schick, M. (2021). Elderspeak in acute hospitals? The role of context, cognitive and functional impairment. *Research on Aging, 43*, 416–427. https://doi.org/10.1177/0164027520949090

Schuch, F. B., Vancampfort, D., Firth, J., Rosenbaum, S., Ward, P. B., Silva, E. S., Hallgren, M., Ponce De Leon, A., Dunn, A. L., Deslandes, A. C., Fleck, M. P., Carvalho, A. F., & Stubbs, B. (2018). Physical Activity and Incident Depression: A Meta-Analysis of Prospective Cohort Studies. *American Journal of Psychiatry, 175*(7), 631–648. https://doi.org/10.1176/appi.ajp.2018.17111194

Schwartz, C. E., & Sprangers, M. A. G. (2000). *Adaptation to changing health. Response shift in quality of life research.* Washington, DC: American Psychological Association

Sherrington, C., Fairhall, N., Kwok, W., Wallbank, G., Tiedemann, A., Michaleff, Z. A., Ng, C., & Bauman, A. (2020). Evidence on physical activity and falls prevention for people aged 65+ years: systematic review to inform the WHO guidelines on physical activity and sedentary behaviour. *Int J Behav Nutr Phys Act, 17*(1), 144. https://doi.org/10.1186/s12966-020-01041-3

Simonson, J., Kelle, N., Kausmann, C., Nora Karnick, N., Arriagada, C., Hagen, C., Hameister, N., Huxhold, O., & Tesch-Römer, C. (2021). *Freiwilliges Engagement in Deutschland. Zentrale Ergebnisse des Fünften Deutschen Freiwilligensurveys (FWS 2019)*. Bundesministerium für Familie, Senioren, Frauen und Jugend (BMFSFJ). https://www.bmfsfj.de/resource/blob/176836/7dffa0b4816c6c652fec8b9 eff5450b6/frewilliges-engagement-in-deutschland-fuenfter-freiwilligensur vey-data.pdf

Statistisches Bundesamt. (2022). *Pflegestatistik 2021. Pflege im Rahmen der Pflegeversicherung – Deutschlandergebnisse*. Wiesbaden: Statistisches Bundesamt.

Statistisches Bundesamt (Destatis) (2022). *Armutsgefährdungsquote: Anteil der Bevölkerung mit einem Nettoäquivalenzeinkommen (nach Sozialleistungen) unterhalb 60% des Medians des Nettoäquivalenzeinkommens der gesamten Bevölkerung*. Wiesbaden: Statistisches Bundesamt.

Stephan, Y., Sutin, A. R., Wurm, S., & Terracciano, A. (2021). Subjective Aging and Incident Cardiovascular Disease. *Journal of Gerontology: Psychological Sciences, 76*(5), 910–919. https://doi.org/10.1093/geronb/gbaa106

Steppuhn, H., Buda, S., Wienecke, A., Kraywinkel, K., Tolksdorf, K., Haberland, J., Laußmann, D., & Scheidt-Nave, C. (2017). *Zeitliche Trends in der Inzidenz und Sterblichkeit respiratorischer Krankheiten von hoher Public-Health-Relevanz in Deutschland*. In (Vol. 2): Robert Koch-Institut, Epidemiologie und Gesundheitsberichterstattung.

Stewart, T. L., Chipperfield, J. G., Perry, R. P., & Weiner, B. (2012). Attributing illness to ›old age:‹ Consequences of a self-directed stereotype for health and mortality. *Psychology & Health, 27*(8), 881–897. https://doi.org/10.1080/0887 0446.2011.630735

Stringhini, S., Carmeli, C., Jokela, M., Avendaño, M., Muennig, P., Guida, F., Ricceri, F., d'Errico, A., Barros, H., Bochud, M., Chadeau-Hyam, M., Clavel-Chapelon, F., Costa, G., Delpierre, C., Fraga, S., Goldberg, M., Giles, G. G., Krogh, V., Kelly-Irving, M., … Zins, M. (2017). Socioeconomic status and the 25 × 25 risk factors as determinants of premature mortality: a multicohort study and meta-analysis of 1·7 million men and women. *The Lancet, 389*(10075), 1229–1237. https://doi.org/10.1016/s0140-6736(16)32380-7

Tetzlaff, J., Muschik, D., Epping, J., Eberhard, S., & Geyer, S. (2017). Expansion or compression of multimorbidity? 10-year development of life years spent in multimorbidity based on health insurance claims data of Lower Saxony, Germany. *International Journal of Public Health, 62*, 679–686. https://doi.org/10.1 007/s00038-017-0962-9

Thamm, R., Poethko-Müller, C., Hüther, A., & Thamm, M. (2018). Allergische Erkrankungen bei Kindern und Jugendlichen in Deutschland – Querschnittergebnisse aus KiGGS Welle 2 und Trends. *Journal of Health Monitoring, 3*(3), 3–18. http://dx.doi.org/10.17886/RKI-GBE-2018-075

Trachte, F., Sperlich, S., & Geyer, S. (2015). Kompression oder Expansion der Morbidität? Entwicklung der Gesundheit in der älteren Bevölkerung. *Zeitschrift für Gerontologie und Geriatrie, 48*, 255–262. https://doi.org/10.1007/s00391-014-0644-7

Vanderlinden, J., Boen, F., & van Uffelen, J. G. Z. (2020). Effects of physical activity programs on sleep outcomes in older adults: a systematic review. Int J Behav Nutr Phys Act, 17(1), 11. https://doi.org/10.1186/s12966-020-0913-3

Wahl, H. W., Förstl, H., Himmelbach, I., & Wacker, E. (2021). *Das lange Leben leben. Aber wie? Interdisziplinäre Blicke auf Altern heute und morgen.* Stuttgart: Kohlhammer.

WHO. (2005). *Internationale Klassifikation der Funktionsfähigkeit, Behinderung und Gesundheit.* Genf: Word Health Organization.

WHO. (2020). *WHO guidelines on physical activity and sedentary behavior* (Vol. Licence: CC BY-NC-SA 3.0 IGO.). Genf: World Health Organization.

WHO. (2021). *Global report on ageism.* Genf: Word Health Organization. www.who.int/publications/i/item/9789240016866

Wolff, J. K., Nowossadeck, S., & Spuling, S. M. (2017). Altern nachfolgende Kohorten gesünder? Selbstberichtete Erkrankungen und funktionale Gesundheit im Kohortenvergleich. In K. Mahne, J. K. Wolff, J. Simonson, & C. Tesch-Römer (Eds.), *Altern im Wandel: Zwei Jahrzehnte Deutscher Alterssurvey (DEAS)* (S. 125–138). Wiesbaden: Springer Fachmedien Wiesbaden.

Wolff, J. K., Warner, L. M., Ziegelmann, J. P., & Wurm, S. (2014). What do targeting positive views on ageing add to a physical activity intervention in older adults? Results from a randomised controlled trial. *Psychology & Health, 29*(8), 915–932. https://doi.org/10.1080/08870446.2014.896464

Wurm, S., Blawert, A., & Schäfer, S. K. (2022). The Importance of Views on Aging in the Context of Medical Conditions. In Y. Palgi, A. Shrira, & M. Diehl (Eds.), *Subjective Views of Aging: Theory, Research, and Practice* (pp. 289–307). Springer. https://doi.org/https://doi.org/10.1007/978-3-031-11073-3

Wurm, S., Diehl, M., Kornadt, A., Westerhof, G., & Wahl, H.-W. (2017). How do views on aging affect health outcomes in adulthood and late life? Explanations for an established connection. *Developmental Review, 46*, 27–43. https://doi.org/10.1016/j.dr.2017.08.002

Wurm, S., & Schäfer, S. K. (2022). Gain- But Not Loss-Related Self-Perceptions of Aging Predict Mortality Over a Period of 23 Years: A Multidimensional Approach. *Journal of Personality and Social Psychology, 123*(3), 636–652 https://doi.org/10.1037/pspp0000412

Wurm, S., Spuling, S. M., Reinhard, A.-K., & Ehrlich, U. (2023, im Druck). Verbreitung von Patientenverfügungen bei älteren Erwachsenen in Deutschland. *Journal of Health Monitoring, 8*(3).

Wurm, S., Warner, L. M., Ziegelmann, J. P., Wolff, J. K., & Schüz, B. (2013). How do negative self-perceptions of aging become a self-fulfilling prophecy? *Psychology and Aging, 28*(4), 1088–1097. https://doi.org/10.1037/a0032845

Yoshida, K., Gowers, K. H. C., Lee-Six, H., Chandrasekharan, D. P., Coorens, T., Maughan, E. F., Beal, K., Menzies, A., Millar, F. R., Anderson, E., Clarke, S. E., Pennycuick, A., Thakrar, R. M., Butler, C. R., Kakiuchi, N., Hirano, T., Hynds, R. E., Stratton, M. R., Martincorena, I., ... Campbell, P. J. (2020). Tobacco smoking and somatic mutations in human bronchial epithelium. *Nature, 578*(7794), 266–272. https://doi.org/10.1038/s41586-020-1961-1

Zhang, M., Zhao, H., & Meng, F.-P. (2020). Elderspeak to Resident Dementia Patients Increases Resistiveness to Care in Health Care Profession. *INQUIRY: The Journal of Health Care Organization, Provision, and Financing, 57*, 0046958020948668. https://doi.org/10.1177/0046958020948668

Zinke, K., Zeintl, M., Rose, N. S., Putzmann, J., Pydde, A., & Kliegel, M. (2014). Working memory training and transfer in older adults: effects of age, baseline performance, and training gains. *Developmental Psychology, 50*(1), 304–315. https://doi.org/10.1037/a0032982

2022. 117 Seiten mit 9 Abb.
und 1 Tab. Kart.
€ 19,–
ISBN 978-3-17-038757-7
Lange Leben leben |
Altern gestalten

Wir leben in einer schnell alternden Gesellschaft, dennoch erleben sich viele „ältere" Menschen als überhaupt nicht „alt". Altern besitzt viele Facetten und ist vielleicht die schillerndste Lebensphase. Der Einführungsband der Reihe „Lange Leben leben | Altern gestalten" nutzt die gegenwärtige Alternsforschung und zeigt auf, wie sich Anforderungen und Widersprüchlichkeiten des Älterwerdens deuten lassen. Auf Grundlage dieser Erkenntnisse bietet das Buch viele Anstöße zum Umgang mit zentralen Fragen, die sich nicht nur für ältere Menschen, sondern vielmehr für Menschen jeden Alters stellen.

Auch als E-Book erhältlich.
Leseproben und weitere Informationen: **shop.kohlhammer.de**

Hans-Jörg Ehni

ZUKUNFTSVISIONEN DES ALTERS

Fragen und Antworten der Philosophie und Ethik

2023. 112 Seiten mit 3 Tab. Kart.
€ 22,–
ISBN 978-3-17-038765-2
Lange Leben leben I
Altern gestalten

Ernst Bloch hoffte auf einen menschlichen Körper, dessen „Alter nicht Hinfälligkeit als Schicksal" sein sollte. Die biologische Alternsforschung stellt gegenwärtig zumindest ein gesünderes Alter in Aussicht. Anders als Bloch begegnen viele dieser Vision mit Skepsis und Ablehnung. Dieses Buch fragt nach den Gründen für und gegen ein längeres Leben durch verlangsamtes Altern und wie überzeugend sie sind. Wir stoßen dabei auf altersfeindliche Haltungen, die bis in älteste Mythen zurückreicht. Die Negativität gegenüber dem Alter, die darin zum Ausdruck kommt, wirkt bis in die Gegenwart fort. Aus dieser negativen Haltung folgt, dass ein längeres Leben weder für den Einzelnen noch für die Gesellschaft gut sind. Es geht darum, diese Negativität mit Hilfe philosophischer Denkanstöße neu zu bewerten, zu überwinden, und so die Hoffnung Ernst Blochs auf ein besseres Alter wiederzugewinnen.

Auch als E-Book erhältlich.
Leseproben und weitere Informationen: **shop.kohlhammer.de**